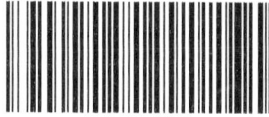

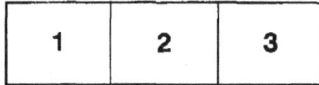

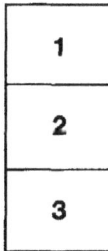

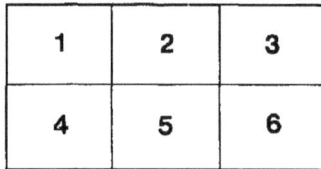

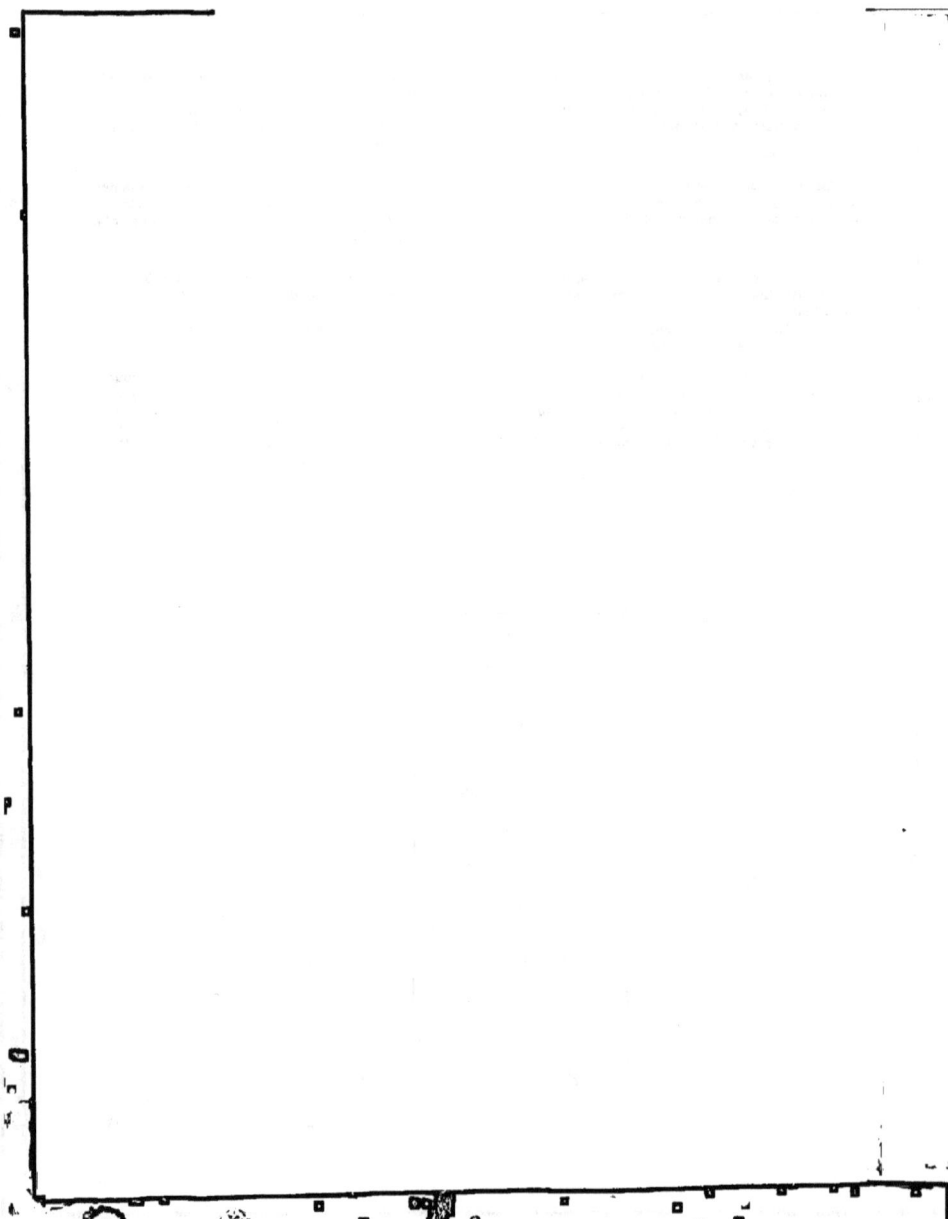

GRAMMAIRE DE LA LANGUE ALGONQUINE.

M. L'ABBÉ CUOQ.

1891
(41)

IX — *Grammaire de la langue algonquine,*

Par M. L'ABBÉ CUOQ.

(Présentée le 30 mai 1890.)

PREMIERE PARTIE.

SOMMAIRE : I. Notions préliminaires. — II. Le nom. — III. L'adjectif. — IV. Le pronom. — V. Introduction au verbe. — VI. Verbes absolus. — VII. Verbes relatifs. — VIII. Verbes à régime inanimé. — IX. Verbes passifs. — X. Verbes dialogués. — XI. Verbes réfléchis et verbes réciproques. — XII. Verbes unipersonnels. — XIII. Le participe. — XIV. La particule verbale. — XV. La préposition. — XVI. L'adverbe. — XVII. La conjonction. — XVIII. L'interjection. — XIX. Noms de nombre. — XX. Noms de parenté et d'affinité.

CHAPITRE I. NOTIONS PRÉLIMINAIRES.

1. L'alphabet algonquin se compose de dix-neuf lettres :

a, b, c, d, e, g, h, i, j, k, m, n, o, p, s, t, v, w, z.

Ces lettres se prononcent comme en français, sauf les exceptions suivantes :

c a toujours la valeur de notre *ch* dans les mots *chat, chien, cheval, chocolat, poche, chiche.*

e équivaut à notre *é* fermé, et s'il est accentué, à notre *è* ouvert.

g, s, t sont toujours durs, et ne s'adoucissent jamais, c'est-à-dire qu'ils conservent, comme en grec, leur son naturel, quelle que soit la place qu'ils occupent dans le mot, ou la voyelle qui les accompagne.

h est plus ou moins aspiré, excepté quand il se trouve placé après N ; dans ce cas, il a pour emploi de rendre nasal le son de l'*n.*

n suivi d'une consonne, sauf *w*, est toujours nasal.

i ne perd pas, comme en français, le son qui lui est propre, en présence de *n* nasal. Ainsi, par exemple, dans le mot *indi, hi*, l'*i* initial se prononce *i*, tout comme celui de la fin du mot, et non pas *é*, comme il arrive en français dans le mot *indigne.*

v n'a le son du *v* français que dans quelques noms propres, comme *Ninive, Octave*, que l'on écrit *Niniv, Oktav.* Partout ailleurs le *v* algonquin est voyelle ; sa place est toujours à la fin d'un mot, et à la suite d'une autre voyelle avec laquelle il forme une diphtongue : *-av, -ev, -iv, -ov.* C'est un *demi-w*, si l'on peut parler ainsi, et qui se prononce à peine.

w a la valeur du *w* anglais ; il est consonne au commencement d'un mot, et aussi quand il commence une syllabe ; il est voyelle quand il est immédiatement précédé de toute autre consonne que *h*. Ainsi dans le mot *wiwakwan*, chapeau, les deux premiers *w* sont consonnes, le troisième est voyelle.

2. Résumons ce qui précède, et rendons-le encore plus clair au moyen de deux exercices :

a) Mots algonquins avec leur transcription d'après la prononciation française :

Acamu, *a-cha-mu*, on lui donne à manger ;
Wabicei, *oua-bi-chê-chi*, martre ;
Cicib, *chi-chib*, canard ;
Cominabo, *cho-mi-na-bo*, vin ;
Getimagisidjik, *ghê-ti-ma-ghi-si-djik*, les misérables ;
Anwi, *a-nui*, flèche ;
Anamanhwang, *a-na-man-gwang*, sous le sable ;
Aianwetangik, *a-ya-noué-tan-ghik*, les indociles ;
Misisipi, *mi-ci-ci-pi*, le Mississipi ;
Misisagek, *mi-ci-ça-ghek*, les Missisagués.

b) Mots français avec leur transcription d'après la prononciation algonquine :

Chicane, *ci-kan* ; chat, *ca* ; chatte, *cat* ;
J'ai mangé, *je manje* ; gaucher, *goce* ;
Pitié, *pitie* ; pâté, *pate* ;
Bon, *bonh* ; bonne, *bon* ;
Moyen, *mwaienh* ; moyenne, *mwaien* ;
Coquin, *kokenh* ; coquine, *kokin* ;
Empoisonner, *anpwazone* ;
Cochinchine, *kocincin* ;
Indigence, *endijans*.

3. On algonquinise ceux des noms propres qui sont d'un usage plus fréquent ; ainsi les mots Pierre, Paul, Joseph, Michel, Etienne, Marie, Susanne, Eugénie, Charlotte, Philomène, Jérusalem, Nazareth, s'écrivent :

Pien, Pon, Jozep, Micen, Etien, Mani, Sozan, Ijeni, Canot, Pinomen, Jenozanem, Nazanet.

JEANNE devra *s'écrire Jan*, et pour JEAN, il faudra y ajouter un *h* afin d'en nasaliser le son : *Janh*.

VINCENT, VIRGINIE, VÉRONIQUE, s'écrivent et se prononcent : *Bensanh, Bijini, Benonik*.

4. Les Algonquins ont adopté un certain nombre de mots français qu'ils prononcent à leur manière. Ainsi, pour : " bouton, mouchoir, bonjour, la bière, la soupe, la melasse, du ragoût, du pâté, des choux, des rubans, vingt sous," ils disent :

" Boto, mocwe, bojo, nabieu, nasop, naminas, dinago, dipate, deco, denibaud, benso."

5. On compte en algonquin quatorze diphtongues : " Ai, ei, ia, ie, io, av, ev, ov, aw, ew, iw, wa, we, wi," et deux triphtongues : " wai, wei ; " il n'est jamais diphtongue et le mot aii doit se partager en trois syllabes *a-i-i*. Dans aiaa, il y a une diphtongue entre deux *a* : " a-ia-a."

6. L'allongement des mots occasionne souvent une permutation dans leur terminaison, et alors les consonnes *fortes* se changent d'ordinaire en leurs correspondantes *douces*. Le tableau suivant les fera distinguer les unes des autres :

TABLEAU DES CONSONNES SUJETTES A LA PERMUTATION.

	FORTES	DOUCES
Labiales......	P	B
Dentales......	T	D
Gutturales....	K	G
Chuintantes..	C	J
Sifflantes....	S	Z

L'adoucissement n'a pas lieu dans l'ordre des labiales ; on dit : cingop, *un sapin*, cingopik, *des sapins*, non plus que dans les chuintantes : cimaganic, *soldat*, cimaganicak, *soldats*, à moins que la chuintante ne se trouve précédée d'une dentale ; dans ce cas, l'une et l'autre doivent s'adoucir : saiakihite, *celui qui m'aime*, saiakihidjik, *ceux qui m'aiment*. On voit par ce dernier exemple que les fortes vont avec les fortes, les douces avec les douces.

On verra dans le cours de cette grammaire, quand et comment peuvent et doivent se permuter les lettres mentionnées dans le tableau, ainsi que d'autres qui n'y sont pas mentionnées.

7. La langue algonquine redoute les hiatus ; pour les prévenir, on a coutume d'intercaler des lettres *euphoniques*, mais seulement dans le discours parlé ; car, en écrivant, on fait mieux de ne pas s'en servir.

C'est le plus souvent la voyelle *i* qui est employée comme lettre euphonique.

Ainsi, par exemple, si l'on écrit : "Ka anonak," *celui que j'ai commissionné*, on devra prononcer : "Ka innonak," afin d'éviter, en parlant, la rencontre des deux *a*. De même on dira : "Kiteitwa Iokanistiwin," au lieu de Kiteitwa Okanistiwin, *la Sainte Eucharistie*, pour ne pas faire heurter *a* contre *o*.

La consonne *n* est quelquefois employée par euphonie entre deux voyelles.

C'est ainsi que plusieurs disent : "mi neta," au lieu de "mi eta," *c'est seulement*. Les autres, en plus grand nombre préfèrent intercaler un *i* et dire : "mi ieta."

8. On ne doit pas confondre les lettres euphoniques avec les lettres *unitives* ou *transitives*. Celles-ci servent surtout à la formation des mots composés. Les principales sont *i*, *o* et *w*, exemple :

Asinimikiwam, *maison en pierre*. Mitikomakisin, *soulier de bois*, sabot.
Totosanabowack, *herbe à lait*, plante laiteuse.

9. Assez généralement, les grammairiens ont coutume de donner le nom de consonnes liquides aux quatre lettres *l*, *m*, *n*, *r*, "parce que, disent-ils, ces consonnes employées à la suite d'une autre consonne dans une même syllabe, sont *coulantes* et se prononcent aisément."

C'est là assurément ce que ne sauraient admettre nos Indiens de langue algique ; car ils trouvent si peu *coulantes* les syllabes doublées d'une *liquide*, qu'ils se voient contraints de séparer les deux consonnes et d'y intercaler une voyelle *transitive* pour en faciliter la prononciation.

Ainsi, au lieu d'une seule syllabe prétendue *liquide* et plus *coulante*, ils jugent plus commode d'en avoir deux. Voilà pourquoi les Algonquins, les Nipissingues, les Saulteux et autres nations de langue algique, qui n'ont pas la lettre *r* et qui la remplacent par *n*, dirent Pananswe, *François*, au lieu de dire simplement *Pnanswe*.

10. En écrivant, les Algonquins n'ont jusqu'ici fait aucun usage des accents ; ces signes ne sont même que très rarement employés dans les livres que les missionnaires ont composés pour l'instruction religieuse de leurs néophytes. Mais ce qui eût été moins utile dans cette sorte d'ouvrages devient indispensable dans une grammaire. Ici, il nous faut absolument marquer les accents et indiquer la manière de s'en servir.

Ainsi, au commencement des mots, il est souvent nécessaire d'employer les accents prosodiques, afin de distinguer les syllabes longues et les syllabes brèves : "wābi," *il voit*, wănicka, *il se lève*.

A la fin des mots, on fait usage tantôt de l'accent grave, tantôt de l'accent circonflexe, et tantôt de l'accent prosodique des syllabes brèves :

O nidjanisà o sakihà ; *Il aime ses enfants.*	Nipoâu, *si je meurs ;* Nipoiân, *si tu meurs.*

11. Les mots sont *simples* ou *composés*, *primitifs* ou *dérivés*. Les mots simples ne sont pas toujours primitifs ; on leur donne le nom de *racines* quand ils sont primitifs. Les racines algonquines ont rarement plus de deux syllabes et plus de trois consonnes ; il y a même des verbes et des noms qui n'ont qu'une seule lettre radicale. Les mots de trois syllabes et plus sont ou dérivés ou composés. Un mot dérivé est quelquefois plus court que le primitif d'où il dérive.

Ce n'est pas seulement des racines ou de leurs dérivés que se forment les mots composés ; souvent il arrive que des mots composés s'unissent entr'eux pour en former d'autres, ce qui explique l'extrême longueur de certains mots ; en voici un de soixante-huit lettres et de trente-deux syllabes :

Memandawinagwatinikinozawiconiawasakonenindamaganabikonsikegobanenak, *ceux qui autrefois fabriquaient de petits chandeliers d'or d'une merveilleuse apparence.*

12. Ainsi qu'il a été dit ailleurs et qu'on peut le voir en parcourant les colonnes du *Lexique de la langue algonquine*, les racines de cette langue vraiment merveilleuse sont, les unes *fécondes*, les autres *inféconds* ; les unes *primordiales*, les autres *secondaires* ; les unes *isolées*, les autres *agglutinantes* ; les unes *complètes*, les autres *incomplètes*. Ces dernières se subdivisent en trois branches :

Racines *initiales ou préfixes :* kin — *pointu ;* Racines *médiales ou infixes :* —gi— *pont ;*
Racines *finales ou suffixes :* — atin, *montagne.*

13. Il y a en algonquin dix parties du discours, savoir : le nom, l'adjectif, le pronom, le verbe, le participe, la particule verbale, la préposition, l'adverbe, la conjonction et l'interjection.

14. Dans celles des parties du discours qui subissent l'influence des genres, des nombres, des cas, des modes, des temps ou des personnes, il faut avoir soin de distinguer le radical, qui d'ordinaire ne change pas, d'avec la terminaison, qui le plus souvent est variable.

15. A proprement parler, la distinction des genres masculin et féminin n'existe pas dans la langue algonquine, les pronoms *lui* et *elle* s'expriment par un seul et même pronom "win," et le pronom pluriel " winawa " signifie indifféremment *eux* et *elles*. Ainsi, la troisième personne est de commun genre aussi bien que les deux autres :

Alamie, *il ou elle prie ;* Alamiek, *ils ou elles prient ;*	Nekamote, *celui ou celle qui chante ;* Nekamodjik, *ceux ou celles qui chantent.*

16. Au lieu de cette institution des genres masculin, féminin et neutre, qui le plus souvent n'est qu'arbitraire et a beaucoup d'inconvénients, comme l'ont déjà fait remarquer d'habiles grammairiens, les Algonquins partagent les êtres en deux grandes classes auxquelles on est convenu de donner le nom de *genre animé* et de *genre inanimé*.

Cette distinction est de la plus haute importance, et sur elle repose toute l'économie de la langue. En effet, on ne saurait ni former le pluriel d'un nom, ni donner ce nom pour sujet ou pour régime à un verbe, ni former la conjugaison du verbe, sans savoir auparavant si ce nom est du genre animé ou du genre inanimé.

17. Non seulement dans les noms, mais encore dans d'autres parties du discours, c'est la lettre *k* qui sert de marque au pluriel du genre animé, tandis que la lettre *n* désigne celui du genre inanimé, sauf le cas de l'obviatif dont il sera parlé plus loin.

Bornons-nous pour le moment à un petit nombre d'exemples pour montrer cette formation du pluriel soit dans les verbes, soit dans les noms :

Genre animé.		Genre inanimé.	
Okima pindiko,	*le chef entre ;*	Pimite pate,	*l'huile est épaisse ;*
Okimak pindikok,	*les chefs entrent ;*	Pimites pateu,	*les huiles sont épaisses ;*
Nind awema akosi,	*ma sœur est malade ;*	Abwi ate,	*l'aviron y est ;*
Nind awemak akosik,	*mes sœurs sont malades.*	Abwin aten,	*les avirons y sont.*

18. Au genre animé appartiennent non seulement les êtres qui, de leur nature, ont vie, comme les esprits, les hommes, les animaux, les arbres, les plantes, mais encore plusieurs objets honorés d'un culte religieux, comme croix, médailles, images ; les merveilles du monde sidéral, comme le tonnerre, le soleil, la lune, les étoiles ; divers météores, comme la grêle, la neige, la glace ; certains fruits, comme les noix, les prunes, les pommes ; certains grains, comme le blé, le maïs ; plusieurs parties du corps, comme les sourcils, les tempes, les narines, les joues, les genoux, les mollets, les ongles. Sont aussi du genre animé le pain, la farine, les plumes, les peaux, les planches, la pierre à fusil, la gomme, les chaudières, les filets, les raquettes, les mitaines, le calumet, le sommeil, les rêves, les fables.

Les noms du genre inanimé sont ceux qui désignent des choses qui, de leur nature, n'ont point vie, comme le ciel, la terre, l'eau, le feu. Les arbres morts, les plantes desséchées sortent ordinairement du rang des êtres animés pour passer au genre inanimé.

Certains mots appartiennent indifféremment à l'un ou à l'autre genre, et d'autres sont tantôt du genre animé, tantôt du genre inanimé selon les diverses acceptions dans lesquelles ils sont pris.

19. Il ne conviendrait pas de terminer ce chapitre sans faire connaître ce que c'est que l'*obviatif*.

J'ai voulu par ce mot, nouveau dans notre langue, exprimer un phénomène grammatical exclusivement propre aux idiomes algiques. Ce phénomène linguistique affecte et domine, pour ainsi parler, les plus importantes parties du discours ; il offre le précieux avantage de rendre les phrases plus claires et plus faciles et d'en faire disparaître toute trace d'obscurité et d'amphibologie.

Quand dans une phrase se rencontrent deux troisièmes personnes, l'une dépendant de l'autre, ou agissant sur elle, ou recevant d'elle une impression quelconque, cette rencontre, ce concours s'appelle *obviatif.*

Exemples : Le fils de Paul est aimable ; Paul aime son fils ; Paul est aimé de son fils. Dans ces trois phrases, le mot *fils* devra se mettre à l'obviatif.

20. Le *concours* peut se compliquer par l'arrivée d'une nouvelle troisième personne ; dans ce cas, il prend le nom de *sur-obviatif.*

Exemples : Paul aime le fils de Pierre ; Paul est aimé du fils de Pierre. Ici on mettra *Pierre* à l'obviatif, et *son fils* sera mis au sur-obviatif.

Nous allons voir dans le chapitre suivant, la manière de former, dans les noms, soit l'*obviatif* simple, soit le *sur-obviatif*.

CHAPITRE II. LE NOM.

21. Pour former le pluriel des noms, il faut faire attention à la terminaison qu'ils ont au singulier, si c'est par une voyelle qu'ils se terminent ou bien par une consonne. De là les règles suivantes :

a. Aux noms terminés par *a, e, i, o*, on ajoute *k* pour le genre animé, et *n* pour le genre inanimé :

	SINGULIER.	PLURIEL.		SINGULIER.	PLURIEL.
Chef,	Okima,	okimak,	*Argent,*	Conia,	conian,
Ours,	Makwa,	......k,	*Huile,*	Pimite,	......n,
Écrevisse,	Acage,	......k,	*Mouchoir,*	Moswe,	......n,
Pivert,	Mamo,	......k,	*Aviron,*	Abwi,	......n,
Mouche,	Odji,	......k,	*Flèche,*	Anwi,	......n,
Pigeon sauvage,	Omimi,	......k,	*Fève,*	Sabi,	......n,
Abeille,	Amo,	......k,	*Rivière,*	Sipi,	......n,
Écureuil,	Ateitamo,	......k,	*Hachure de peau.*	Wato,	......n.

b. Aux noms terminés par *g, k, z*, on ajoute *ok* pour le genre animé, et *on* pour le genre inanimé :

	SINGULIER.	PLURIEL.		SINGULIER.	PLURIEL.
Serpent,	Kinebik,	kinebikok,	*Jour,*	Kijik,	kijikon,
Araignée,	Esbik,	...... ok,	*Œil,*	Ckinjik,	.... on,
Chaudière,	Akik,	...... ok,	*Macaque,*	Makak,	.... on,
Étoile,	Anang,	...... ok,	*Feuille,*	Bak,	.... on.
Élan,	Monz,	...... ok,			
Lièvre,	Waboz,	...... ok.			

c. Aux noms terminés par *j, b, p*, on ajoute *ik* pour le genre animé, et *in* pour le genre inanimé :

	SINGULIER.	PLURIEL.		SINGULIER.	PLURIEL.
Orme,	Anib,	anibik,	*Main,*	Nindj,	nindjin,
Sapin,	Cingop,	... ik,	*Vase,*	Miskweiap,	.... in,
Filet,	Asap,	... ik,	*Arc,*	Mitikwab,	.... in,
Ongle,	Ckanj,	... ik,	*Arc-en-ciel,*	Nakweiab,	.... in,
Brie,	Akawanj,	... ik,	*Chevron,*	Apanj,	.... in.

d. Aux noms terminés par *h* on ajoute *iak* pour le genre animé, et *ian* pour le genre inanimé :

	SINGULIER.	PLURIEL.		SINGULIER.	PLURIEL.
Vieillard,	Ikiwenzih,	Ikiwenzihiak,	*Poil de bête,*	Piwaih,	piwaihian,
Vieille,	Mindimoiehieh,	.........iak,	*Peau de la tête,*	Nikweih,	..... ian,
Camarade de femme,	Angweh,	.... iak,	*Bouteille,*	Oboteih,	..... ian.
Camarade d'homme,	Tekiweh,	.... iak,			

e. Aux noms terminés par *c, m, n, s, t, w* on ajoute *ak* pour le genre animé, et *an* pour le genre inanimé :

	SINGULIER.	PLURIEL.		SINGULIER.	PLURIEL.
Renard,	Wagoc,	Wagocak,	*Feuille,*	Anibic,	Anibican,
Loup,	Mahingan,	.... ak,	*Maison,*	Mikiwam,	.... an,
Pomme,	Wabimin,	.... ak,	*Champ,*	Kitikan,	.... an,
Poisson,	Kikons,	.... ak,	*Jambe,*	Kat,	.... an,
Neveu,	Ojim,	.... ak,	*Pied,*	Sit,	.... an,
Loup-cervier,	Pijiw,	.... ak,	*Œuf,*	Waw,	.... an.

Toutes ces règles ont à souffrir différentes exceptions que l'on fera connaître plus tard.

22. Parmi les noms, il en est qui sont indifféremment du genre animé ou du genre inanimé, par exemple, le chapelet, *aiamie-minak* ou *aiamie-minan*, mot à mot les *grains bénits ;* les arcs, *mitikwabik* ou *mitikwabin*.

Quelques-uns, comme " masinaigan ", sont tantôt du genre animé, tantôt du genre inanimé, suivant l'acception dans laquelle le mot est pris. Ainsi, on dira " masinaiganak ", pour *images, peintures*, et " masinaiganan ", pour *papiers, livres, écrits*.

Plusieurs noms ne sont pas employés au pluriel, par exemple, wakwi, le *ciel*, aki, la *terre*, nipi, l'*eau*, iekote, le *feu*. Quelques-uns au contraire ne sont guère employés qu'au pluriel, tels sont le *maïs*, mandaminak ; le *foin*, minjackin ; le *tonnerre*, onimikik ; la *farine*, napaninak ; le *sommeil*, wingwak ; les *larmes*, sipingon.

23. La distinction des *cas* existe en algonquin ; mais, à part le vocatif, les autres cas sont loin de correspondre avec ce que les grammairiens entendent par nominatif, génitif, datif, accusatif et ablatif. On peut distinguer jusqu'à cinq cas dans les noms algonquins, savoir : le nominatif, le vocatif, l'obviatif, le sur-obviatif et le locatif.

a). Le nominatif est la forme la plus simple du mot, et c'est de lui que sont tirés les autres cas. Il s'étend bien plus loin que le nominatif des Latins, comme on va le voir par l'exemple suivant :

Kije Manito sakihigosi,	*Deus est amabilis,*	Ni sakihik Kije Manito,	*Amor a Deo,*
Ni sakiha Kije Manito,	*Amo Deum,*	Ni windamawa Kije Manito,	*Cognitor Deo,*
Kije Manito o Kijewatisiwin,	*Bonitas Dei.*		

Ainsi, en algonquin, c'est partout le nominatif ; et ce cas, à lui seul, représente, comme on voit, les cinq cas du latin ci-dessus.

b). Le vocatif singulier est presque toujours semblable au nominatif ; mais le vocatif pluriel est toujours différent.

Dans l'état actuel de la langue, il n'y a plus de vocatif singulier que pour les mots " os," *père*, " ga," *mère*, " kwisis," *fils*, " tekiweh," *camarade :*

NOMINATIF.		VOCATIF.	
N'os,	*mon père ;*	N'osé,	*mon père !*
Ninga,	*ma mère ;*	Ninge,	*ma mère !*
Ningwisis,	*mon fils ;*	Ningwiso,	*mon fils !*
Nitckiwe,	*mon camarade ;*	Ningwi,	*mon camarade !*

Le vocatif pluriel se forme du nominatif singulier en ajoutant *tok*, *itok* ou *otok*, selon la terminaison du mot :

Ainsi de ANJENI, de OCKINAWE on formera : anjenitok, ô anges ! ockinawetok, ô jeunes gens !
De KANIS, de NIDJANIS on formera : ni kanisitok, ô mes frères ! ni nidjanisitok, ô mes enfants !
De AMIK, de MISAMEK, on formera : amikotok, ô castors ! misamekotok, ô baleines !

c). L'obviatif se forme du nominatif en ajoutant *n*, *an*, *in*, *on*, *ian*, *wan*, selon la terminaison du mot.

Pour le pluriel, on retranche l'*n*, et la voyelle qui la précède est ordinairement marquée d'un accent grave.

Le verbe qui a pour régime un nom à l'obviatif, prend lui-même la marque de l'obviatif, ainsi on dira :

O papamitawan okiman,	*il obéit au chef ;*
O papamitawawà okimà,	*ils obéissent aux chefs ;*
O takomigon kinebikon,	*il est mordu par un serpent ;*
O sakihigo o nikihigo,	*il est aimé de ses parents ;*
O sakihan o kwisisan,	*il aime son fils ;*
O sakihawà o nidjanisiwà,	*ils aiment leurs enfants ;*
Ot anonan Kije Manito anjeniwan,	*Dieu envoie un ange ;*
O cawenimau ikiwenzihian,	*il a pitié du vieillard.*

d). L'obviatif n'affecte que les noms de genre animé ; le sur-obviatif s'emploie également pour les deux genres, sa forme est *ni, ini, oni,* selon la terminaison du mot ; elle est la même pour les deux nombres :

Micen o saiensan o wi witikemani nind awemani,	*le frère aîné de Michel veut épouser ma sœur ;*
Sabet o missensan o ki witikemani ki saienani,	*la sœur aînée d'Elizabeth a épousé ton frère aîné ;*
Pien o makamani w'osan ot akikoni,	*Pierre enlève la chaudière de mon père ;*
Kije Manito o cingenindamawà anicinabè o patatowinini,	*Dieu déteste les péchés des hommes.*

Le sur-obviatif suppose toujours un obviatif soit exprimé soit sous-entendu : Pon o sakihani o kwisisini, *Paulus amat filium ejus,* Paul aime son fils, c'est-à-dire le fils d'un autre, par exemple de Jean ; le mot *Janhian* est alors sous-entendu. *Fils* est ici au sur-obviatif, il serait à l'obviatif, si l'affection de Paul avait pour objet son propre fils au lieu du fils de Jean, et l'on dirait : Pon o sakihan o kwisisan, *Paulus amat filium suum.*

e). Le locatif se forme du nominatif en ajoutant *ng, ing, ong,* selon la terminaison du mot. Il sert à exprimer nos prépositions, *à, de, par, en, dans, sur,* selon la signification du verbe qui l'accompagne.

Les noms de lieux ne sont guère employés qu'au locatif ; il suffit, à lui seul, pour répondre aux quatre questions *ubi? quò? undè? quà?* A ces diverses questions : où demeurez-vous ? où allez-vous ? d'où venez-vous ? par où passez-vous ? il suffira, sans qu'il soit nécessaire de répéter le verbe, de répondre par le nom du lieu mis au locatif, comme " Moniang, *Montréal,* Wabitikweiang, *Quebec,* Kanactageng, *lac des Deux-Montagnes.*

Le locatif sert encore à exprimer nos adverbes ou locutions adverbiales, *en, comme, ainsi que, en guise de, à l'instar de, à la façon de :* ikweng ijiho, *il est habillé en femme ;* kakaking inwe, *il crie comme un corbeau ;* animoeing ijiminikwe, *il boit à la façon des chiens ;* kinebikong ijipimode, *il rampe comme un serpent ;* pepejikokackweng ijipato, *il court comme un cheval ;* minikwaganing ot inabadjiton o nindj, *il se sert de sa main en guise de verre.*

Les points cardinaux Waban, l'Est ; Cingapian, l'Ouest ; Kiwetin, le Nord ; Cawan, le Sud, ont leur locatif en *ong :* Wabanong, Cingapianong, Kiwetinong, Cawanong.

Les noms de pays, contrées, provinces, ont un locatif spécial tiré du nom des peuples qui les habitent. La forme de ce locatif est *nang ;* nous l'appelons *locatif régional,* en voici des exemples ;

Wemitigojinang, *en France ;* Espanionang, *en Espagne ;* Aganecanang, *en Angleterre ;* Bastonenang, *aux Etats-Unis,* (litt. chez les Bostonnais) ; Natowenang, *chez les Iroquois ;* Odjibwenang, *au pays des Sauteux ;* Otawanang, *au pays des Otawas.*

Pour l'Egypte, la Judée, la Samarie, la Galilée, on dit :

Ejiptenang, Jodenang, Samaninang, Claninenang.

Il y a encore une autre sorte de locatif que l'on emploie pour marquer un temps passé :

Tibik,	*nuit ;*	Tibikong,	*la nuit dernière,*
Sikwan,	*printemps ;*	Sikwanong,	*le printemps dernier,*
Nibin,	*été ;*	Nibinong,	*l'été dernier,*
Pipon,	*hiver,*	Piponong,	*l'hiver dernier.*

24. La langue algonquine est riche en diminutifs, il y en a non seulement pour les noms, mais encore pour d'autres parties du discours.

La forme du diminutif varie selon la terminaison du mot.

a). Aux noms terminés en *gân*, on se contente d'ajouter *s :*

Masinaigân,	*livre ;*	Masinaigans,	*petit livre ;*
Packizigan,	*fusil ;*	Packizigans,	*pistolet ;*
Mahingân,	*loup ;*	Mahingans,	*louveteau ;*
Opwagân,	*calumet ;*	Opwagans,	*petit calumet ;*
Pakwejigân,	*pain ;*	Pakwejigans,	*petit pain.*

b). Aux noms terminés par *ân*, on ajoute *ens*.

Kitikân,	*champ ;*	Kitikanens,	*petit champ ;*
Mokomân,	*couteau ;*	Mokomanens,	*petit couteau ;*
Tciman,	*canot ;*	Tcimanens,	*petit canot ;*
Mikwân,	*plume ;*	Mikwanens,	*petite plume.*

c). Aux noms terminés par une voyelle, on ajoute *ns :*

Okima,	*chef ;*	okimans,	*petit chef ;*
Inini,	*homme ;*	ininins,	*petit homme ;*
Ikwe,	*femme ;*	ikwens,	*femmelette ;*
Ockinawe,	*jeune homme ;*	ockinawens,	*petit jeune homme.*

d). Aux noms terminés par *b, p, j*, on ajoute *ins :*

Mitikwab,	*arc ;*	mitikwabins,	*petit arc ;*
Cingop,	*sapin ;*	cingopins,	*petit sapin ;*
Sesap,	*fil ;*	sesapins,	*fil fin ;*
Apanj,	*chevron ;*	apanjins.	*petit chevron.*

e). Aux noms terminés par *g, k, z*, on ajoute *ons :*

Amik,	*castor ;*	amikons,	*jeune castor ;*
Monz,	*orignal ;*	monzons,	*jeune orignal ;*
Atik,	*bœuf ;*	atikons,	*veau ;*
Waboz,	*lièvre ;*	wabozons,	*levraut.*

f). Aux noms terminés par *c, n, s, w*, on ajoute *ens :*

Wagoc,	*renard ;*	wagocens,	*renardeau ;*
Mikiwam,	*maison ;*	mikiwamens,	*maisonnette ;*
Kokoc,	*cochon ;*	kokocens,	*cochon de lait ;*
Otenaw,	*ville ;*	otenawens,	*village.*

g). Aux noms terminés par *ens, ins, ons*, on ajoute *ic :*

Kikons,	*poisson ;*	kikonsic,	*petit poisson ;*
Kajakens,	*chat ;*	kajakensic,	*chaton ;*
Awesins,	*bête fauve ;*	awesinsic,	*petite bête fauve ;*
Atikons,	*veau ;*	atikonsic,	*petit veau.*

25. La terminaison *ic* qui s'ajoute aux noms à terminaison diminutive n'indique pas toujours la petitesse ; elle s'emploie le plus souvent pour exprimer la vileté, la chétiveté, la mauvaise qualité, l'état de ruine, de détérioration d'un objet, la laideur, la malignité, la malice, la méchanceté d'une personne ou d'un animal. Souvent on s'en sert pour exprimer un sentiment de mépris, de dédain, de dégoût. Quelquefois, au contraire, c'est une grande marque de tendresse, d'intérêt ou de compassion et de sympathie. On connait facilement par les circonstances quand il faut prendre en bonne ou en mauvaise part, cette sorte de diminutif auquel nous donnons le nom de détérioratif. Sa forme varie suivant la terminaison du nom :

a). Après une voyelle, c'est *c* ou *wic* :

Manito, manitoc ;	Abwi, abwic,	anwi, anwic ;
Inini, ininiwic ;	Ikwe, ikwewic,	sipi, sipiwic.

b). Après *t*, c'est *ac*, *ic*, *oc* :

Mackimotac,	*vieux sac ;*	Sitac,	*vilain pied ;*
Bitac,	*mauvaise dent ;*	Anitic,	*vieux dard.*
Wakakwatoc,	*mauvaise hache.*		

c). Après *g*, *k*, *z*, c'est *oc* :

Mitikoc,	*vieux morceau de bois ;*	Amikoc,	*castor de peu de valeur ;*
Monzoc,	*orignal au-dessous du commun.*		

d). Après les autres consonnes, c'est *ic* :

Cicibic,	*mauvais canard ;*	Wagocic,	*méchant renard ;*
Denibaudic,	*mauvais ruban ;*	Mikiwamic,	*pauvre maison ;*
Ikiwenzihic,	*vieillard incommode ;*	Akawanjic,	*mauvais bois ;*
Asapic,	*méchant filet ;*	Migosic,	*vieille alène ;*
Wawic,	*œuf gâté.*		

26. Souvent, afin d'exprimer plus fortement le sentiment que l'on éprouve, soit d'antipathie et de répulsion, soit de bienveillance, de tendresse et de sympathie, on redouble la marque du détérioratif, et l'on dit par exemple :

Abwicic, ikwewicic, mackimotacic, kikangocic, cicibicic.

Souvent aussi on change les sifflantes du radical en la chuintante *c* :

Kajakencic, Kikoncic, Kwiwicencic, ikwecencic.

C'est là ce qui s'appelle *ultra-détérioratif.*

27. Les noms sont susceptibles d'un double passé, le passé prochain et le passé éloigné.

La forme du premier est *ban*, *iban*, *oban*, selon la terminaison du nom :

Maniban, Pieniban, Monikoban, *Marie, Pierre, Monique* qui ne sont plus.
N'osiban, *feu mon père*, ni taban, *mon défunt beau-frère.*

Quand on parle de quelqu'un qui est mort et que l'on avait connu, il faut toujours mettre son nom au passé prochain. Mais s'il est question d'une personne décédée depuis longtemps et que l'on n'a pu connaître, on doit se servir du passé éloigné. La forme de celui-ci est *goban, igoban, ogoban*, selon la terminaison du nom.

Kaiat pinawigo primatisigwaban Ondaa*goban*, Minens*igoban*, Kisensiko*goban*, autrefois il y a longtemps vivaient *Onaba*, Minens, Kisensik.

Simon vient de perdre son grand-père, sa grand'mère : de leur vivant, il les appelait : "ni micomis, n'okomis," mais à présent et tant qu'il vivra, il dira : "ni micomisi*ban*, n'okomisi*ban*."

Jean est né après la mort de son père, il ne dira jamais *n'os*, ni même *n'osiban*, mais bien "n'osigoban," *mon défunt père que je n'ai pas connu*. En parlant de ses grands-parents morts également avant sa naissance, il dira : "ni micomisi*goban*, n'okomisi*goban*."

28. Les noms algonquins subissent encore d'autres modifications que l'on ne pourrait expliquer clairement avant d'avoir fait connaître les pronoms tant personnels que possessifs. C'est au chapitre du pronom qu'il sera parlé de ce qu'il faut entendre par possessif et interrogatif des noms. Quant au dubitatif, vraie merveille de la langue algonquine, il en sera traité plus loin, à propos du dubitatif dans les verbes.

Chapitre III. L'Adjectif.

29. Les Algonquins n'ont qu'un petit nombre d'adjectifs proprement dits. Ces adjectifs se placent toujours devant les noms qu'ils qualifient et sont invariables comme en anglais :

Mino kwiwisens, *un bon petit garçon ;*
Mino kwiwisensak, *de bons petits garçons ;*
Mino ikwesins, *une bonne petite fille ;*
Mino ikwesinsak, *de bonnes petites filles ;*
Matci animoc, *un méchant chien ;*
Matci animocak, *des chiens méchants ;*
Kitci mikiwam, *une grande maison ;*
Kitci mikiwaman, *de grandes maisons ;*
Kwenate mokoman, *un joli couteau ;*
Kwenate mokomanan, *de jolis couteaux ;*
Kete masinaigan, *un vieux livre ;*
Kete masinaiganan, *de vieux livres ;*
Ocki akik, *une chaudière neuve ;*
Ocki akikok, *des chaudières neuves ;*

Maia anjeni, *l'ange principal ;*
Maia anjeniwak, *les principaux anges ;*
Inin asin, *une pierre vive* (silex) ;
Inin asiniu, *des pierres vives ;*
Maiak ikwe, *une femme étrangère ,*
Maiak ikwewak, *des femmes étrangères ;*
Maiata ikitowin, *une parole blâmable ;*
Maiata ikitowinan, *des paroles blâmables ;*
Kiteitwa Micen, *saint Michel ;*
Kiteitwa Anjeniwak, *les saints anges ;*
Kije inini, *le bonhomme* (pater familias) ;
Kije ikwe, *la bonne femme* (mater familias) ;
Pieicik pakwejigan, *du pain sec, rien que du pain ;*
Pieicik patakan, *rien que des pommes de terre ;*

Pieicik mikiwam, *maison toute seule* (rien dedans).

30. On peut mettre encore au nombre des adjectifs, les mots *nabe* et *nonje*, qui s'emploient pour distinguer le sexe des animaux, par exemple :

Nabe kajakens, *chat*, nonje kajakens, *chatte*.

Le mot *kakike* est quelquefois employé comme adjectif :

Kakike iawin, *l'existence éternelle, l'éternité ;*
Kakike pimatisiwin, *la vie éternelle ;*

Kakike metizowin, *l'éternel brûlement ;*
Kakike iskoteng, *dans le feu éternel.*

L'adverbe *nakawe* peut être considéré comme adjectif dans les expressions suivantes :

Nakawe iskote, *le feu passager ;*

Nakawe metizowin, *le brûlement passager (le purgatoire).*

Wiiagi ne se met que devant un nom au pluriel :

Wiiagi pinecinjicak, *divers oiseaux ;*

Wiiagi minan, *différentes graines.*

Ncike s'emploie d'ordinaire après le mot, si c'est un nom ou un pronom :

Cimaganicak nicike, *les soldats seuls ;*	Nin nicike, *moi seul ;* win nicike, *lui seul.*

Si le mot qu'il affecte est un verbe, il se met devant :

Nicike tagocin, *il arrive seul ;*	Nicike tagocinok, *ils arrivent seuls.*

31. On a vu, dans le chapitre précédent, comment les Algonquins peuvent rendre plusieurs de nos adjectifs, au moyen du diminutif, du détérioratif et des deux passés.

Mais, pour suppléer au petit nombre de leurs adjectifs, leur ressource ordinaire est dans la prodigieuse quantité de leurs verbes.

Voici quelques-uns de ces verbes-adjectifs :

Onicicïw, i, *être bon ;*	Kakipico, *être sourd ;*
Sakihigos, i, *être aimable ;*	Kakipingwe, *être aveugle ;*
Nibwaka, *être sage ;*	Tadjiee, *être boiteux ;*
Akos, i, *être malade ;*	Kakitawenindam, *être prudent ;*
Aiakos, i, *être maladif ;*	Minwendadam, *être content ;*
Aiekos, i, *être fatigué ;*	Gackendadam, *être chagrin ;*
Akikoka, *être enrhumé ;*	Songis, i, *être fort ;*
Pakate, *être affamé ;*	Mindit, o, *être gros ;*
Nipakwe, *être altéré ;*	Windu, o, *être gras ;*
Kipiskwe, *être enroué ;*	Songitehe, *être brave ;*
Cewis, i, *être faible ;*	Nipatis, i, *être gourmand ;*
Animis, i, *être souffrant ;*	Kijowatis, i, *être libéral ;*
Kotakit, o, *être indigent ;*	Kimotick, i, *être voleur ;*
Cikaw, i, *être veuf ;*	Minikweck, i, *être ivrogne ;*
Kika, *être vieux ;*	Kakipatis, i, *être stupide.*

Les verbes sont ici traduits par l'infinitif, quoique ce mode n'existe pas en algonquin. On verra la raison de cela dans le chapitre des verbes absolus, ainsi que l'explication de la virgule qui figure dans plusieurs des verbes ci-dessus.

32. La distinction des genres masculin et féminin n'existant pas, à proprement parler, en algonquin, il était pourtant nécessaire qu'il y eût dans cette langue quelque manière d'exprimer la distinction des sexes. C'est, en effet, ce qui a lieu, comme on va le voir par les exemples suivants.

a). Termes différents :

Inini, *homme ;*	Ikwe, *femme ;*
Ininins, *homunculus ;*	Ikwens, *muliercula ;*
Akiwenzii, *senex ;*	Mindimoiienh, *anus ;*
Kwiwisens, *adolescentulus ;*	Ikwesins, *adolescentula ;*
Ockinawe, *juvenis ;*	Kikang, *puella, virgo.*

b). Terminaisons différentes du même mot :

Kitci okima, *roi ;*	Kitci okimakwe, *reine ;*
Anotagan, *serviteur ;*	Anotaganikwe, *servante ;*
Kikinohamagewinini, *instituteur ;*	Kikinohamagekwe, *institutrice ;*
Natowe, *Iroquois ;*	Natowekwe, *Iroquoise ;*
Natowens, *petit Iroquois ;*	Natowekwens, *petite Iroquoise ;*
Aganecak, *les Anglais ;*	Aganecakwek, *les Anglaises ;*
Wemitigojiwak, *les Français ;*	Wemitigojikwek, *les Françaises.*

Il est aisé de voir que les terminaisons féminines *kwe, kwens* sont tirées des mots ikwe, *femme*, ikwens, *petite femme.*

Ces mêmes terminaisons ajoutées à un nom d'homme se traduisent par *femme de......, fille de......*

Le brave capitaine Ducharme, un des héros de Chateauguay, s'appelait *Papikodjac.* Madame Ducharme devenait par là même, *Papikodjacikwe*, et les demoiselles avaient chacune le titre de *Papikodjacikwens.*

Nous n'avons plus *Misaki*, c'était le nom du grand chef des Nipissingues ; mais nous avons sa veuve, c'est Misakibanikwe, *la femme de feu Misaki* : nous avons ses trois filles, Misakibanikwensak, *les filles de feu Misaki.*

Menjakins est le *fils de Menjaki*, littéralement le *petit Menjaki.* Ce jeune Menjaki se marie, sa femme sera désignée sous le nom de Menjakinsikwe, c'est-à-dire *Madame Menjaki fils.*

c). Dans un chapitre spécialement consacré aux noms de parenté et d'affinité, on verra que les uns sont propres au sexe masculin, d'autres au sexe féminin, d'autres sont communs aux deux sexes, d'autres enfin s'appliquent à l'un ou à l'autre sexe, suivant les circonstances.

d). Quant aux animaux, on en marque le sexe au moyen des mots *nabe*, mâle, *nonje*, femelle :

Nabe kak, *porc-épic mâle ;*	Nonje kak, *porc-épic femelle ;*
Nabe kajakens, *chat ;*	Nonje kajakens, *chatte ;*
Nabe manadjenle, *bélier ;*	Nonje manadjenle, *brebis*

e). Souvent *nabe* et *nonje* se combinent avec le nom de l'animal de manière à ne former qu'un seul mot :

Nabemik, *castor mâle ;*	Nonjemik, *castor femelle ;*
Nabetik, *bœuf ;*	Nonjetik, *vache.*

Pour *chien* et *chienne*, on dit *nabesim* et *nonjesim* :

Pour *ours*, c'est *nabek*, et pour *ourse*, " nonjek."

f). S'il est question d'oiseaux ou de poissons, les mots *nabe* et *nonje* ne suffisent pas ; il faut y ajouter *se* pour les premiers, et *mek* pour les seconds :

Nabese pakahakwan, *coq ;*	Nonjese pakahakwan, *poule ;*
Nabese cicib, *canard ;*	Nonjese cicib, *cane ;*
Nabemek kinonje, *brochet mâle ;*	Nonjemek name, *esturgeon femelle.*

g). On se sert aussi quelquefois, surtout en style de chasse, des mots "alabe" et "onidjani," et au diminutif, *alabens, onidjanins* :

Alabe wawackeci, *broquart ;*	Onidjani wawackeci, *chevrette ;*
Monz alabens, *jeune élan mâle ;*	Monz onidjanins, *jeune élan femelle.*

Chapitre IV. Le pronom.

33. Nous parlerons successivement des pronoms personnels, des pronoms possessifs, des pronoms démonstratifs, des pronoms interrogatifs, des pronoms relatifs, des pronoms indéfinis, et des pronoms composés.

34. Les pronoms personnels sont de deux sortes, les uns sont *isolés*, les autres *préfixes*. Il y a trois pronoms personnels préfixes, savoir : *ni, ki, o.*

Les pronoms personnels isolés, sont au nombre de sept, trois pour le singulier, et quatre pour le pluriel :

Nin, *moi* ; kin, *toi* ; win, *lui* ;
Ninawint } *nous* ; kinawa, *vous* ; winawa, *eux*.
Kinawint }

35. Pour rendre le pronom *nous*, pris *isolément*, les Algonquins se servent tantôt de *kinawint* et tantôt de *ninawint*, selon que la deuxième personne est jointe ou non à la pre-première :

Kin, ka ki gat ijasi, ninanint eta, ningat ijamin, *toi, tu n'iras pas, nous seulement, nous irons.*
Ondas gaie kin, mamawi, ki gat ijamin, kinawint kakina, *viens toi aussi, ensemble nous irons, nous tous.*

Le *kinawint* renferme, comme on voit, la deuxième personne et se nomme pour cela *nous inclusif.*
Le *ninawint* exclut au contraire la deuxième personne, et reçoit en conséquence le nom de *nous exclusif.*

Donnons encore un exemple de cette distinction qui est de la plus haute importance comme on aura occasion de remarquer dans toute la suite de cet ouvrage :

Kakik mikawenimata Jezos i ki nipogobanen kinawint ondji, *souvenons-nous toujours de ce que Jésus est mort pour nous.*
Ki mamoiawamin, ô Jezos, i ki nipoñubân ninawint ondji, *je vous remercie, ô Jésus, de ce que vous êtes mort pour nous.*

36. Ces trois petits mots, *ni*, *ki*, *o*, auxquels nous avons donné le nom de *pronoms personnels-préfixes*, suffisent, jusqu'à un certain point, pour rendre nos pronoms français, *je*, *tu*, *il*, *ils*, *elle*, *elles*, *on*, *nous*, *vous*, *me*, *te*, *le*, &c. Le plus souvent même, il suffira d'un seul d'entr'eux pour représenter deux pronoms français, exemples :

Ni wabama,	*je le vois ;*	ni wabamak,	*je les vois ;*
Ki wabam,	*tu me vois ;*	ki wabamin,	*je te vois ;*
Ni wabamik,	*il me voit ;*	ni wabamigok,	*ils me voient ;*
Ni wabamanan,	*nous le voyons ;*	ni wabamananik,	*nous les voyons ;*
Ki wabamawa,	*vous le voyez ;*	ki wabamawak,	*vous les voyez ;*
Ni wabamigonan,	*il nous voit ;*	ni wabamigonanik,	*ils nous voient ;*
Ni wabamigo,	*on me voit ;*	ni wabamigomin,	*on nous voit ;*
Ki wabamigo,	*on te voit ;*	ki wabamigom,	*on vous voit ;*
Ki wabamim,	*tu nous vois ;*	ki wabaminim,	*je vous vois ;*
O wabaman,	*il le voit ;*	o wabamâ,	*il les voit ;*
O wabamawan,	*ils le voient ;*	o wabamawâ,	*ils les voient ;*
O wabamigon,	*il est vu par lui ;*	o wabamigô,	*il est vu par eux ;*
O wabamigowan,	*ils sont vus par lui ;*	o wabamigowâ,	*ils sont vus par eux.*

37. Dans les exemples ci-dessus où figurent les pronoms masculins, *il*, *ils*, *le*, *lui*, *eux*, on peut indifféremment y substituer les pronoms féminins, *elle*, *elles*, *la*, la troisième personne, étant en algonquin, de commun genre, aussi bien que les deux premières, ainsi qu'il a été dit précédemment.

Que l'on remarque aussi que le préfixe *o* ne représente la troisième personne que dans le cas de l'obviatif, c'est-à-dire quand il y a concours de deux troisièmes personnes.

Nous devons encore faire observer que les *nous* marqués ci-dessus sont autant de nous *exclusifs*. Pour les *nous inclusifs*, il n'y aurait qu'à changer le pronom *ni* en *ki* : Ki wabamanan, ki wabamananik, ki wabamigonan, &c......

38. Les préfixes *ni*, *ki*, *o*, ne remplissent pas seulement le rôle de pronoms personnels ; ils sont encore employés comme pronoms possessifs. Nous venons de les voir placés devant un verbe, nous allons maintenant les placer devant un nom, et alors ils équivaudront à nos possessifs : *mon, ma, mes, ton, ta, tes, notre, nos, votre, vos, son, sa, ses, leur, leurs* :

Ni nidjanis,	*mon enfant ;*	ni nidjanisak,	*mes enfants ;*
Ki nidjanis,	*ton enfant ;*	ki nidjanisak,	*tes enfants ;*
O nidjanisan,	*son enfant ;*	o nidjanisa,	*ses enfants ;*
Ni / Ki } nidjanisinan,	*notre enfant ;*	ni / ki } nidjanisinanik,	*nos enfants ;*
Ki nidjanisiwa,	*votre enfant ;*	ki nidjanisiwak,	*vos enfants ;*
O nidjanisiwan,	*leur enfant ;*	o nidjanisiwa,	*leurs enfants.*

39. Quand le mot commence par une voyelle, *ni* se change en *nind*, *ki* en *kit*, *o* en *ot* :

Nind abwi,	*mon aviron ;*	nind aton,	*je le mets ;*
Kit abwi,	*ton aviron ;*	kit aton,	*tu le mets ;*
Ot abwi,	*son aviron ;*	ot aton,	*il le met.*

Trois noms de parenté font exception à cette règle : au lieu de s'allonger en présence de la voyelle, les préfixes s'élident en tout ou en partie, une apostrophe indique cette élision, ainsi on dira :

N'os,	*mon père ;*	k'os,	*ton père ;*	'osan,	*son père ;*
N'okomis,	*mon aïeule ;*	k'okomis,	*ton aïeule ;*	'okomisan,	*son aïeule ;*
N'ojis,	*mon petit-fils ;*	k'ojis,	*ton petit-fils ;*	'ojisan,	*son petit-fils.*

40. Le préfixe *ni* en présence d'une gutturale ou d'une dentale prend quelquefois une *n* nasale au moyen de laquelle il ne forme plus qu'un seul mot avec le nom, le verbe ou la particule qu'il précède, ainsi on dira :

Ningat ija,	*j'irai ;*	au lieu de	*ni gat ija ;*
Ninga,	*ma mère ;*	au lieu de	*ni ga.*

41. Il faut encore remarquer que cette *n* nasale a le pouvoir de changer les gutturales et les dentales fortes en leurs correspondantes douces, ainsi on dira :

Ningwisis,	*mon fils ;*	au lieu de	*ni kwisis ;*
Ningi ija,	*j'y suis allé ;*	au lieu de	*ni ki ija ;*
Ninda madja,	*je partirais ;*	au lieu de	*ni ta madja ;*
Nindepwetawa Kije Manito,	*je crois en Dieu ;*	au lieu de	*ni tepwetawa.*

42. Le préfixe *o* se transforme en *wi* devant un certain nombre de mots, comme :

Iiaw, *corps* ; ias, *chair* ; kanis, *frère* ; ta, *beau-frère* ; nim, *belle-sœur* ; tikik, *sœur* ; tawis, *cousin* ; w, *épouse*.

On a coutume alors de réunir le préfixe au substantif, de manière à ne former qu'un seul mot :

Wiiaw, *son corps* ; wiias, *sa chair* ; wikanisan, *son frère* ; witan, *son beau-frère* ; winimon, *sa belle-sœur* ; witikikwan, *sa sœur* ; witawisan, *son cousin* ; wiwan, *sa femme*.

43. Les préfixes *ni*, *ki*, *o*, placés devant un nom, équivalent, nous venons de le voir, à nos préfixes nominaux *mon, ton, son, notre, votre, leur*. Mais il se trouve chez les Algonquins, un certain nombre de noms qui exigent en outre, une marque de possession, marque à laquelle nous donnerons le nom de *possessif*.

La forme du possessif est, selon la terminaison du nom, *m*, *im*, *om* : Les mots "okima," *chef*, atikons, *veau*, tenik, *narine*, requièrent le possessif et vont nous servir d'exemple :

Singulier.	Pluriel.	Singulier.	Pluriel.
Nind okimam,	Nind okimamak,	Nind atikonsiminan,	Nind atikonsiminanik,
Kit okimam,	Kit okimamak,	Kit atikonsimiwa,	Kit atikonsimiwak,
Ot okimaman,	Ot okimamà,	Ot atikonsimiwan.	Ot atikonsimiwà.
Nind okimaminan,	Nind okimaminanik,	Ni tenikom,	Ni tenikomak,
Kit okimamiwa,	Kit okimamiwak,	Ki tenikom,	Ki tenikomak,
Ot okimamiwan.	Ot okimamiwà.	O tenikoman,	O tenikomà,
Nind atikonsim,	Nind atikonsimak,	Ni tenikominan,	Ni tenikominanik,
Kit atikonsim,	Kit atikonsimak,	Ki tenikomiwa,	Ki tenikomiwak,
Ot atikonsiman,	Ot atikonsimà,	O tenikomiwan.	O tenikomiwà.

44. Non-seulement les noms des personnes et les noms de parenté sont susceptibles de la marque du passé, mais encore tous ceux qui sont précédés d'un des trois préfixes, à quelque genre qu'ils appartiennent.

C'est surtout le passé prochain qui joue un grand rôle dans ce que nous pouvons appeler les *conjugaisons nominales* ; il correspond exactement à l'imparfait des verbes relatifs, et il a une signification très étendue, comme on peut voir par les exemples suivants :

"Ni masinaiganiban," mon livre qui n'est plus, qui est détruit, perdu; que je n'ai plus, que j'ai donné, vendu, qui m'a été enlevé.

"Ni kitikaniban," mon champ que j'ai abandonné, que je ne cultive plus ; "Nind okimamiban," mon ancien chef, mon ci-devant chef; "Nind awemaban, ma sœur décédée ; "Ni taban," celui qui était mon beau-frère, étant marié à ma sœur, et qui, devenu veuf, a convolé à de secondes noces ; "Nind akikoban," ma chaudière d'autrefois, qui me servait autrefois, dont je ne me sers plus ; "Ni teimaniban," le canot que j'avais et que je n'ai plus.

Que l'on ôte des mots ci-dessus, la marque du passé prochain, et l'on aura "ni masinaigan, ni kitikân, nind okimam, nind awema, ni ta, nind akik, ni teiman," le livre, le champ, le chef, la sœur, le beau-frère, la chaudière, le canot que j'ai maintenant.

45. La conjugaison nominale n'a que deux temps, le présent et le passé. On a vu le présent du mot *nidjanis*, en voici le passé :

Singulier.	Pluriel.	Singulier.	Pluriel.
Ni nidjanisiban,	Ni nidjanisibanek,	Ni nidjanisinaban,	Ni nidjanisinabanek,
Ki nidjanisiban,	Ki nidjanisibanek,	Ki nidjanisiwaban,	Ki nidjanisiwabanek,
O nidjanisibanen,	O nidjanisibanè,	O nidjanisiwabanen,	O nidjanisiwabanè.

On aura bientôt occasion de comparer les conjugaisons nominales aux conjugaisons verbales.

46. Les pronoms préfixes-possessifs français *mon*, *ma*, *mes*, *ton*, *ta*, *tes*, *son*, *sa*, *ses*, &c., se rendent en algonquin par les préfixes *ni*, *ki*, *o* ; c'est ce que l'on vient de voir.

Quant aux pronoms possessifs-isolés, *le mien*, *le tien*, *le sien*, *le nôtre*, *le vôtre*, *le leur*, ils se rendent en algonquin par les pronoms isolés, *nin*, *kin*, *win*, *ninawint*, *kinawint*, *kinawa*, *winawa* :

Nin oca ni mokomanens oom. enh, nin isa, ni nisitawinan, *c'est bien là mon canif, oui, c'est le mien, je le reconnais.*

Kin koni ki mocwem ka mikawân, kin isa, nind inendam, *c'est peut-être ton mouchoir que j'ai trouvé; c'est le tien, je pense.*

Win ina o wiwakwan oom? — Enh, win isa, *est-ce là son chapeau?* — *Oui, c'est le sien.*

Ninawint isa ni teimaninan. — Ka ninawin, kinawa, *c'est bien notre canot.* — *Non, ce n'est pas le vôtre.*

Winawa nangwana o teimaniwa? — **Ka ondjita kinawint isa**, *avez-vous leur canot? — Pas du tout, c'est le nôtre.*

Le verbe "**ni tibenindan**", *j'en suis maître, c'est à moi, cela m'appartient, c'est mien*, s'emploie aussi pour traduire nos pronoms isolés, *le mien, la mienne, les miens, &c.*

Kin tebenindaman, ganawenindan, nin tebenindaman, ningo ganawenindan, *toi, garde le tien, moi, je garderai le mien.*

47. Les pronoms démonstratifs sont :

POUR LE GENRE ANIMÉ :		POUR LE GENRE INANIMÉ :	
Aam,	*celui-ci ;*	Oom,	*ceci ;*
Okom,	*ceux-ci ;*	Onom,	*ces choses-ci ;*
Iaam,	*celui-là ;*	Iim,	*cela ;*
Ikim,	*ceux-là.*	Inim,	*ces choses-là.*

C'est le pluriel du genre inanimé qui sert d'obviatif au genre animé, *onom* pour *aam* et *okom* ; *inim* pour *iaam* et *ikim* ; ainsi que le montrent les exemples suivants :

Kitci nibwaka aam kwiwisens, *ce petit garçon est très intelligent ;* **Okom kwiwisensak nibwakak**, *ces petits garçons sont intelligents ;* **Kikinohamagewinini o mino kikinohamawan onom kwiwisensan**, *le Frère instruit bien ce petit garçon ;* **O mino kikinohamawâ onom kwiwisensâ**, *il instruit bien ces petits garçons ;* **Mekatewikwanaiewikamikong sesa ki pindiko iaam ikwesens**, *cette petite fille est enfin entrée au pensionnat des Sœurs ;* **Ikim ikwesensak Moniang dajikek nongom**, *ces petites filles résident maintenant à Montréal ;* **Mekatewikwanaiekwek o kikinohamawawan inim ikwesensan**, *les Sœurs instruisent cette petite fille ;* **O kitci sakihawâ inim ikwesensâ, wewenint o kikinohamawawâ**, *elles aiment beaucoup ces petites filles, elles les instruisent comme il faut.*

Voila pour le g. animé, voici pour le g. inanimé :

Mi oom manimin,	*voici ce que je te donne ;*
Otapinan onom patakan,	*prends ces patates ;*
Mi iim ka miinigoiân,	*voilà ce que l'on m'a donné ;*
Inim matci anitcininan ningi wabinan,	*J'ai jeté ces mauvais pois.*

48. Quand on parle d'une personne décédée, d'une chose qui n'existe plus, au lieu des pronoms ci-dessus on emploie souvent le pronom *iiam*, qui toujours reste invariable.

Matci awesens o ki amwan iiam ningwisisibanen, *une bête féroce a dévoré ce mien fils qui n'est plus ;*
Iiam ningwisisiban o ki amogon matci awesensibanen, *ce mien fils a été dévoré par une bête féroce ;*
Iiam ni nikihigobanek, *ces miens parents défunts ;*
Mi ondaje ij atekiban iiam nikiwamikban, *voici la place où était cette maison.*

L'emploi de *iiam* suppose toujours un regret de l'objet perdu.

49. Les pronoms interrogatifs sont :

Awenen? *qui? quel? lequel?* Wekonen? *quoi? que?*

Awenen aaw pemosete?	*quel est celui qui passe?*
Awenen kin?	*qui es-tu?*
Awenen ka pakitehok?	*qui t'a frappé?*
Awenen i nijiwg?	*lequel de vous deux?*
Awenen k'os?	*qui est ton père?*
Awenenak ki nikihigok?	*quels sont tes parents?*
Wekonen oom?	*qu'est ceci?*
Wekonen wesawenindaman?	*que désires-tu?*
Wekonen ondji?	*à cause de quoi?*
Wekonen patoiez?	*qu'est-ce que vous apportez?*

Quand on veut s'enquérir de l'état, de l'espèce, de la qualité ou condition d'un être quelconque, le nom de cet être suit immédiatement le pronom et en emprunte la terminaison.

Awenen anicinabeNEN ?	*quel homme ?*	c'est-à-dire de quelle nation est-il ?
Awenen abinotenjiNEN ?	*quel enfant ?*	c'est-à-dire de quel sexe est-il ?
Awenenak atikoNENAK ?	*quelles bêtes bovines ?*	c'est-à-dire sont-ce des boeufs ou des vaches ?
Awenen amikonsiNEN ?	*quel jeune castor ?*	c'est-à-dire est-il mâle ou femelle ?
Wekonen nipiNEN, ominaboNEN, pimiteNEN ?		*quelle espèce d'eau, de vin, d'huile ?*
Wekonen mitikONEN ?		*quelle sorte de bois ?*
Wekonenan sabiNENAN ?		*quelle sorte de fèves ?*

50. Les pronoms relatifs *qui, que*, se rendent en algonquin par les participes du verbe dont ils sont suivis en français.

Saiakihidjik,	*ceux qui m'aiment ;*	Saiakihakik,	*ceux que j'aime ;*
Saiakihadjik,	*ceux que tu aimes ;*	Saiakihikik,	*ceux qui t'aiment ;*
Saiakihang,	*celui que nous aimons ;*	Saiakihinang,	*celui qui nous aime ;*
Saiakihitidjik,	*ceux qui s'entr'aiment ;*	Saiakihitizodjik,	*ceux qui s'aiment eux-mêmes ;*
Saiakihitizosigok,		*ceux qui ne s'aiment pas eux-mêmes.*	

De ces participes et de beaucoup d'autres il sera parlé dans un chapitre spécial.

51. Les principaux pronoms indéfinis sont :

Awiia,	*quelqu'un ;*	kawin awiia,	*personne, aucun ;*
Koke,	*quelque chose ;*	ka koko,	*rien ;*
Nibiina,	*plusieurs, beaucoup ;*	nanint,	*quelques-uns ;*
Pejik,	*l'un ;*	kotak,	*l'autre ;*
Kotakak, kotakan,	*d'autres, les autres ;*	kakina,	*tout, tous ;*
Tasin,	*chaque, toutes les fois que ;*	pepejik,	*un à un, un à chaque ;*
Awekwen,	*quiconque ;*	wekotokwen,	*n'importe quoi.*

Pour bien faire comprendre le sens de ces pronoms, nous donnerons plus loin des explications et des exemples qui ne pourraient trouver ici leur place naturelle.

52. Il y a en algonquin trois pronoms composés.

a). Le premier se compose de *ni, ki, wi*, et des deux consonnes *te*, qui correspondent exactement à nos syllabes françaises *com, con, co, col, cor*, dans les mots "compatriote, confrère, coadjuteur, collaborateur, correspondant ".

La forme de cette sorte de pronoms sera donc *nite, kite, wite*, selon les différentes personnes ; *nite* pour la première, *kite* pour la deuxième, *wite* pour la troisième :

Nite inini,	*mon co-homme, un homme comme moi ;*
Nite ikwe,	*ma co-femme ;*
Nite ikwek,	*mes co-femmes ;*
Nite ikiwenzih,	*un vieillard comme moi ;*
Nite mindimoniensh,	*ma camarade vieille comme moi ;*
Nite cimaganicak,	*mes compagnons d'armes ;*
Nite mekatewikonaiek,	*mes confrères, mes frères dans le sacerdoce ;*
Kite kwiwisensak,	*les petits garçons de ton âge ;*
Kite ikwesinsak,	*tes coquettes filles, tes petites compagnes ;*
Kite anicinabenanik sakihatak,	*aimons nos semblables ;*
Kite anicinabewak sakihik,	*aimez vos co-personnes humaines, votre prochain ;*
Wite okiman,	*son collègue en charge, un chef de même grade que lui ;*
Wite animocâ,	*ses co-chiens, d'autres chiens de son espèce ;*
Wite atikomâ,	*ses co-veaux, des veaux pareils à lui.*

b). La deuxième espèce de pronoms composés se compose des pronoms isolés *nin*, *kin*, *win* et de *itam* qui probablement est dérivé du mot *nitam*, duquel il sera parlé au chapitre des noms de nombre.

Pour former cette sorte de pronoms composés, on ajoute *itam* aux pronoms du singulier, et l'on intercale itam dans ceux du pluriel ; cette intercalation occasionne le changement en *i* de l'*a* de *ninawint* et autres pronoms isolés ; voici à la fois et la formation et la signification de cette sorte de pronoms :

Ninitam,	*à mon tour ;*	Kinitam,	*à ton tour ;*
Winitam,	*à son tour ;*	Ninitamiwint, } Kinitamiwint. }	*à notre tour ;*
Kinitamiwa,	*à votre tour ;*	Winitamiwa,	*à leur tour.*

c). La troisième espèce de pronoms composés est maintenant moins usitée ; en voici la forme et la valeur :

Ninawawate,	*moi-même !*	Kinawawate,	*toi-même !*
Winawawate,	*lui-même !*	Ninawawateint, } Kinawawateint, }	*nous-mêmes !*
Kinawawateiwa,	*vous-mêmes !*	Winawawateiwa,	*eux-mêmes !*

Awawate vient du mot AWATE, *même*, *voire même*, duquel il sera parlé au chapitre de l'Adverbe.

CHAPITRE V. INTRODUCTION AU VERBE.

53. Le verbe joue un si grand rôle en algonquin, ses formes sont si variées, ses conjugaisons si nombreuses, la matière qu'il offre à l'étudiant est si abondante et si complexe qu'il est absolument nécessaire de lui consacrer plusieurs chapitres, et de partager cette partie du discours en plusieurs divisions.

Avant tout, il faut se rappeler :

a). La très importante distinction du genre animé et du genre inanimé ;
b). La notion non moins importante de la double première personne du pluriel ;
c). L'étonnant effet produit par la rencontre soit de deux, soit de trois troisièmes personnes.

54. Les verbes algonquins se partagent d'abord en deux grandes divisions : verbes absolus et verbes relatifs.

Sous le nom de verbes absolus, nous comprenons :

a). Les verbes neutres, comme *dormir*, *tomber* ;
b). Les verbes actifs sans régime, comme *aimer*, *voir* ;
c). Les verbes passifs sans régime, comme *être aimé*, *être vu* ;
d). Les verbes réfléchis comme *s'aimer soi-même* ;
e). Les verbes réciproques, comme *s'aimer les uns les autres* ;
f). Les verbes adjectifs, comme *être grand*, *être petit* ;
g). Les verbes numéraux, comme *être dix*, *être cent* ;

h). Les verbes substantifs, comme *être roi, être père ;*

i). Les verbes adverbiaux, comme *être plusieurs, être en petit nombre ;*

j). Les verbes dialogués, comme *je t'aime, tu m'aimes ;*

k). Enfin plusieurs sortes de verbes dérivés de différentes parties du discours.

Sous le nom de verbes relatifs nous comprenons tous les verbes, soit actifs, soit passifs, qui ont actuellement un régime de troisième personne de genre animé ou de genre inanimé, soit au singulier soit au pluriel. De là tout autant de conjugaisons différentes qui sont encore pour la plupart, susceptibles de subdivisions.

55. Après avoir étudié les diverses conjugaisons des verbes absolus et celles non moins nombreuses des verbes relatifs, nous aurons à examiner les verbes unipersonnels, comme : *il neige, il fait froid, il y a beaucoup de maringouins, il y a disette, on se bat, on se réjouit, c'est ouvert, c'est fermé ; la rivière est gelée, il est dimanche, c'est jour de fête, il y a procession,* &c......

Viendront ensuite les verbes irréguliers et les verbes défectifs, qui, heureusement n'étant pas très nombreux, pourront être réunis dans un seul chapitre.

56. Tous les verbes algonquins peuvent revêtir la forme négative et la forme dubitative, voire même ces deux formes à la fois, ce qui donne naissance à trois nouvelles classes de conjugaisons.

57. Les verbes algonquins ont, généralement parlant, trois modes principaux, savoir : l'indicatif, l'impératif et le subjonctif, et trois modes secondaires, le participe, l'éventuel et le gérondif.

Il sera parlé, dans un chapitre spécial, du participe.

Les modes et les temps des verbes algonquins ne correspondent pas toujours avec ceux des verbes français. On verra la valeur et la forme de ces modes et de ces temps dans les verbes qui seront conjugués ci-après.

L'indicatif, le subjonctif et le participe ont chacun six temps, dont deux simples et quatre composés.

L'impératif a deux temps, le présent et le futur, tous les deux simples.

Il n'y a pas de verbes auxiliaires en algonquin ; c'est à l'aide de certaines particules que se forment les temps composés. Ces particules se placent devant le verbe et se nomment *caractéristiques*.

L'impératif n'ayant pas de temps composé, n'a nul besoin de caractéristique.

L'indicatif a pour caractéristique du passé, la particule *ki ;* celle du futur varie suivant les personnes, c'est *ga* pour les deux premières ; pour la troisième, c'est *kata* dans les verbes absolus, et *ka* dans les verbes relatifs.

Le subjonctif et le participe ont les mêmes caractéristiques ; ce sont : *ka* pour le passé, et *ke* pour le futur.

Le conditionnel existe à la vérité chez les Algonquins ; mais, comme il n'a que des temps composés et que sa forme est la même que celle de l'indicatif, on ne saurait lui donner le titre de *mode*, et on doit plutôt le considérer comme une simple dépendance de l'indicatif, dont il ne se distingue que par sa caractéristique *ta :* ki madjamin, *nous partons ;* ki ta madjamin, *nous partirions.*

La particule *ki*, qui caractérise le passé de l'indicatif, s'associe à la caractéristique du conditionnel pour en former le passé : *ta ki :* ki ki madjamin, *nous sommes partis ;* ki ta ki madjamin, *nous serions partis.* Cette caractéristique du passé prête également son concours pour la formation du futur passé : ki ga madja, *tu partiras ;* ki ga ki madja, *tu seras parti.*

58. Dans ces phrases : " Je prie en marchant, je marche en priant ; tu arrives en chantant, tu chantes en arrivant ; ils partent en pleurant, ils pleurent en partant," le verbe qui est au participe présent doit se mettre en algonquin au présent du subjonctif au moyen de la particule de simultanéité *i* pour les verbes qui commencent par une consonne, *ij* pour ceux qui commencent par une voyelle. Cette particule est exclusivement propre au subjonctif, et elle sert à distinguer ce mode du participe qui jamais ne saurait l'admettre ; voici donc comment on doit traduire les exemples précédents :

Nind niamia i pimoseian, ni pimose ij aiamiaian ; Ki tagoein i nikamoian, ki nikam i tagoshinan ;
Madjik i mawiwate ; Mawik i madjawate.

Cette particule accompagne ordinairement la conjonction MEGWATE, *lorsque :*

Megwate i pimatisite, *pendant qu'il vit ;* Megwate i pimatisipan, *pendant qu'il vivait.*

Si dans ce cas on la supprime, il faut la remplacer par l'*augment :*

" Megwate pematisite, megwate pematisipan."

59. On peut dire que l'augment est, comme en grec, tantôt syllabique et tantôt temporel.

L'augment consiste dans un certain changement qui s'opère dans les voyelles, au commencement d'un mot, d'après les règles suivantes :

Si la voyelle initiale est un *a* long, cet *a* se change en *aia ;*
Si c'est un *a* bref, cet *a* se change en *e ;*
Si c'est un *e*, cet *e* se change en *aia ;*
Si c'est un *i* long, cet *i* se change en *a ;*
Si c'est un *i* bref, cet *i* se change en *e ;*
Si c'est un *o* long, cet *o* se change en *wa ;*
Si c'est un *o* bref, cet *o* se change en *we.*

L'augment ne peut affecter que les temps simples du subjonctif, du participe et de l'éventuel ; le gérondif en est toujours affecté.

60. L'indicatif est le seul mode qui nécessite l'emploi des préfixes personnels *ni, ki, o.*

Pour se distinguer du subjonctif, le participe a souvent besoin de se faire précéder des pronoms personnels isolés *nin, kin, win, ninawint, kinawint, kinawa, winawa.*

Dans les verbes absolus, la troisième personne est toujours dépourvue du signe personnel *o*, et l'on dira sans aucun préfixe : Sakihiwe, *il aime ;* sakiha, *il est aimé ;* sakihitiso, *il s'aime lui-même ;* sakihitiwak, *ils s'entr'aiment.*

Ce n'est que quand il y a rencontre de deux troisièmes personnes, l'une dominant l'autre, qu'apparaît le signe *o ;* ainsi l'on dira : o sakihan, *il l'aime ;* o sakihawan, *ils l'aiment ;* o sakihigon, *il est aimé de lui ;* o sakihigowan, *ils sont aimés de lui.*

C'est, comme on voit, ce qui arrive toujours dans les verbes relatifs, c'est-à-dire dans les verbes à régime de troisième personne, exactement comme dans les conjugaisons nominales, ainsi que l'on a déjà vu : o kwisisan, *son fils* ; ot anisan, *sa fille* ; o nidjanisiwa, *ses enfants.*

CHAPITRE VI. VERBES ABSOLUS.

61. Ainsi qu'il a été dit au chapitre précédent, il y a, en algonquin, plusieurs sortes de verbes absolus ; nous parlerons ici principalement de la première sorte, c'est-à-dire du verbe neutre.

C'est la troisième personne du présent de l'indicatif qui sert comme de racine au verbe neutre, et c'est d'elle que se forme, à une seule exception près [1], tout le reste du verbe.

C'est aussi par cette troisième personne que l'on distingue les différentes conjugaisons des verbes neutres. Elles sont au nombre de trois. Les verbes terminés par une voyelle forment la première conjugaison ; la deuxième conjugaison renferme ceux qui se terminent par *m* ; à la troisième appartiennent ceux dont la racine est en *n*.

62. Les verbes *nese*, il respire ; *pizindam*, il écoute ; *tagecin*, il arrive, serviront de modèles pour conjuguer tous les autres.

Afin d'éviter les longueurs et les redites qui ne font qu'embarrasser et causer du dégoût, nous ne ferons qu'indiquer les temps composés de l'indicatif et nous supprimerons entièrement ceux du subjonctif et des modes qui en dépendent.

Pour le même motif nous ne mentionnerons pas le *nous inclusif* de l'indicatif, attendu que, dans ce mode, il ne diffère de l'*exclusif* que par son préfixe, et qu'il n'y a qu'à mettre *ki* au lieu de *ni* devant la première personne du verbe.

Mais au subjonctif et à l'éventuel, nous avons soin de bien distinguer les deux *nous*, mettant toujour l'*inclusif* au-dessous de l'*exclusif*.

En conjugant les verbes *nese*, *pizindam* et *tagecin*, nous n'avons pas cru nécessaire d'y joindre la conjugaison des verbes *respirer*, *écouter* et *arriver*, aimant mieux laisser à chacun le soin de traduire en sa propre langue les trois verbes algonquins que nous avons choisis pour modèles des verbes neutres et même de la plupart des verbes absolus.

Comme le participe ne diffère du subjonctif que par la troisième personne du pluriel, nous nous sommes bornés à donner cette troisième personne.

Pour éviter une trop grande complication, nous nous sommes abstenus de mentionner, dans notre tableau, le *passé éloigné*. Nous aurons occasion d'en parler ailleurs, et nous comparerons alors le passé éloigné des verbes avec celui des noms dont il a été déjà question.

[1] On peut voir cette exception, un peu plus loin, No. 65, c).

VERBES NEUTRES

		1re conjugaison.	2me conjugaison.	3me conjugaison.
INDICATIF	Présent.	N' nese, Ki nese, Nese, Ni nesemin, Ki nesem, Nesek.	Ni pizindam, Ki pizindam,[1] PIZINDAM, Ni pizindâmin, Ki pizindâm, Pizindamok.	Ni tagocin, Ki tagocin, TAGOCIN, Ni tagocinomin, Ki tagocinom, Tagocinok.
	Imparfait.	Ni nesenaban, Ki nesenaban, Neseban, Ni nesenanaban, Ki nesenawaban, Nesebanek.	Ni pizindanaban, Ki pizindanaban, Pizindamoban, Ni pizindananaban, Ki pizindanawaban, pizindamobanek.	Ni tagocininaban, Ki tagocininaban, Tagocinoban, Ni tagocininanaban, Ki tagocininawaban, Tagocinobanek,
	Parfait.	Ningi nese, Ki ki nese, Ki nese, Ningi nesemin.	Ningi pizindam, Ki ki pizindam, Ki pizindam. &c....	Ningi tagocin, Ki ki tagocin, Ki tagocin, &c....
	Plus-que-parfait.	Ningi nesenaban, Ki ki nesenaban, Ki neseban, Ningi, &c....	Ningi pizindanaban, Ki ki pizindanaban, Ki pizindamoban, &c....	Ningi tagocininaban, Ki ki tagocininaban, Ki tagocinoban, &c....
	Futur.	Ninga nese, Ki ga nese, Kata nese, Ninga nesemin, Ki ga, &c....	Ninga pizindam, Ki ga pizindam, Kata pizindam, Ninga pizindâmin, &c....	Ninga tagocin, Ki ga tagocin, Kata tagocin, &c....
	Futur passé.	Ninga ki nese, Ki ga ki nese, Kata ki nese, Ninga ki nesemin,	Ninga ki pizindam, Ki ga ki pizindam, Kata ki pizindam, Ninga ki pizindâmin.	Ninga ki tagocin, Ki ga ki tagocin, Kata ki tagocin.
	Conditionnel Présent.	Ninda nese, Ki ta nese, Ta nese, Ninda nesemin, Ki ta nesem, Ta nesek.	Ninda pizindam, Ki ta pizindam, Ta pizindam, Ninda pizindâmin, Ki ta pizindâm, Ta pizindamok.	Ninda tagocin, Ki ta tagocin, Ta tagocin, Ninda tagocinomin, Ki ta tagocinom, Ta tagocinok.
	Conditionnel passé.	Ninda ki nese, Ki ta ki nese, Ta ki nese, Ninda ki nesemin.	Ninda ki pizindam, Ki ta ki pizindam, Ta ki pizindam, Ninda ki pizindâmin.	Ninda ki tagocin, Ki ta ki tagocin, Ta ki tagocin, &c....

[1] Cette lettre finale est mobile, ainsi qu'on pourra le remarquer par toute la suite de cette 2me conjugaison.

		1. Conj.	2. Conj.	3. Conj.
SUBJONCTIF	Présent.	Neseiân, Neseiân, Nesete, Neseiâng, Neseiâng, Neseieg, Nesowate	Pizindamân, Pizindamân, Pizindang, Pizindamâng, Pizindamâng, Pizindameg, Pizindamowate.	Tagocinân, Tagocinân, Tagocing, Tagocinâng, Tagocinâng, Tagocineg, Tagocinowate.
	Passé.	Neseiânbân, Neseiânbân, Nesepan, Neseiangiban, Neseiangoban, Neseiegoban, Nesowapan.	Pizindamânbân, Pizindamânbân, Pizindangiban, Pizindamangiban, Pizindamangoban, Pizindamegoban, Pizindamowapan.	Tagocinânbân, Tagocinânbân, Tagocingiban, Tagocinangiban, Tagocinangoban, Tagocinegoban, Tagocinowapan.
[illegible]	Présent.	Naiesaiânin, Naiesaiânin, Naiesedjin, Naiesaiangin, Naiesaiangen, Naieseiegon, Naiesowadjin.	Pezindamânin, Pezindamânin, Pezindangin, Pezindamangin, Pezindamangen, Pezindamegon, Pezindamowadjin.	Tegocinânin, Tegocinânin, Tegocingin, Tegocinangin, Tegocinangen, Tegocinegon, Tegocinowadjin.
Participe	Présent. Passé.	Naiesedjik, Naiesepanek.	Pezindangik, Pezindangibanek.	Tegocingik, Tegocingibanek.
Gerondif	[1]	Naiesongin.	Pezindamongin.	Tegocinongin.
IMPÉRATIF	Présent.	Neson, Neseia, Nesek.	Pizindan, Pizindamda, Pizindamok.	Tagocinin, Tagocinda, Tagocinok.
	Futur.	Nesekan, Nesekang, Nesekeg.	Pizindamokan, Pizindamokang, Pizindamokeg.	Tagocinokan, Tagocinokang, Tagocinokeg.

63. D'après les modèles ci-dessus on pourra conjuguer les verbes suivants :

1. conj.		2. conj.		3. conj.	
Kika,	*être vieux ;*	Osesotam,	*tousser ;*	Pangicin,	*tomber ;*
Kiwe,	*s'en retourner ;*	Anwetam,	*refuser ;*	Cingicin,	*être couché ;*
Koki,	*plonger ;*	Nakwetam,	*répondre ;*	Twacin,	*enfoncer, [illegible] ;*
Pimipato,	*courir ;*	Panitam,	*oublier ;*	Onzamiton,	*bavarder.*

[1] Le gérondif est un mode invariable et qui s'applique à tous les temps et aux deux nombres.

64. Sur les verbes de la première colonne, il y a plusieurs remarques à faire.

a) Plusieurs sont imparisyllabiques, c'est-à-dire n'ont pas le même nombre de syllabes aux personnes du singulier du présent de l'indicatif; la troisième personne seule se termine par une voyelle.

Ni pap,	*je ris ;*	Ni maw,	*je pleure ;*	Ni nip,	*je meurs ;*
Ki pap,	*tu ris ;*	Ki maw,	*tu pleures ;*	Ki nip,	*tu meurs ;*
papi,	*il rit ;*	mawi,	*il pleure ;*	nipo,	*il meurt.*

Ces sortes de verbes sont marqués, dans le dictionnaire, de cette manière :

Pap, i,	*rire ;*	Maw, i,	*pleurer ;*	Nip, o,	*mourir ;*
Nikam, o,	*chanter ;*	Nim, i,	*danser ;*	Nik, i,	*naître ;*
Pimatis, i,	*vivre ;*	Akos, i,	*être malade ;*	Sik, o,	*cracher.*

b) Parmi les verbes imparisyllabiques, quelques-uns adoucissent leur consonne finale, à la troisième personne :

Nind awas,	*je me chauffe ;*	Nind opinik,	*j'ai la crampe ;*
Kit awas,	*tu te chauffes ;*	Kit opinik,	*tu as la crampe ;*
awaso,	*il se chauffe ;*	opinigo,	*il a la crampe.*

Le dictionnaire marque ces verbes ainsi qu'il suit :

Awas, o,	*se chauffer ;*	Opinik, o,	*avoir la crampe ;*
Anwenindis, o,	*se repentir ;*	Amok, o,	*avoir un cancer ;*
Abwes, o,	*suer ;*	Pimipaik, o,	*aller à cheval.*

c) Un certain nombre de verbes n'ont pas la même voyelle finale à toutes les personnes :

Ni kapa,	*je débarque ;*	Ni nipa,	*je dors ;*
Ki kapa,	*tu débarques ;*	Ki nipa,	*tu dors ;*
kape,	*il débarque ;*	nipe,	*il dort.*

Pour ces verbes, la racine doit être prise dans les premières personnes plutôt que dans la troisième : « ni kapamin, ni nipamin », et non pas *ni kapemin, ni nipemin*, nous débarquons, nous dormons.

Dans le dictionnaire on marque ainsi ces sortes de verbes :

Kapa, *e*,	*débarquer ;*	Nipa, *e*,	*dormir ;*
Madja, *i*,	*partir ;*	Mijaka, *e*,	*aborder, prendre terre ;*
Aiamia, *e*,	*prier ;*	Ija, *i*,	*aller.*

Par exception, à l'indicatif les troisièmes personnes gardent la voyelle finale de la racine ordinaire du verbe. Ainsi on dira : « aiamiok », *ils prient*, aiamiobanek, *ils priaient*.

Ainsi encore se forment les noms verbaux : aiamiewin, *la prière ;* kapewin, *le débarquement*.

65. Souvent on abrège la caractéristique *kata*, et l'on se contente de dire *ta*, ce qui offre l'inconvénient d'exposer à confondre la troisième personne du futur avec celle du conditionnel.

Mais du moins, aucune confusion de ce genre n'est à craindre dans les verbes relatifs où nous verrons que la caractéristique du futur de l'indicatif est toujours *ka* pour la troisième personne.

66. A l'impératif, nous ne mettons et nous avons raison de ne mettre que trois personnes, savoir : la deuxième du singulier et les deux premières du pluriel. L'impératif algonquin n'a pas de troisième personne. On verra plus loin comment on doit y suppléer au moyen de différents autres modes.

Le futur de l'impératif se forme de la racine du verbe en ajoutant *kan, kang, keg*, pour la première conjugaison, *okan, okang, okeg* pour les deux autres.

Pizindan, *audi nunc ;* pizindamokan, *audito tunc.*

Pizindamok, *audite ;* pizindamokeg, *auditote.*

67. Ce ne sera qu'au *chapitre du participe* que nous pourrons faire connaître comme il faut, l'emploi du *gérondif*.

68. L'*m* de la deuxième conjugaison tantôt se supprime : ni pizindanaban, *j'écoutais ;* tantôt se change en *n :* "pizindang", *s'il écoute ;* tantôt enfin se confond avec l'*m* des désinences plurielles — *min*, — *m*. Dans ce dernier cas, un accent circonflexe sur l'*a* qui précède, vient avertir qu'il faut le prononcer *long :* "ni pizindâmin", *nous écoutons ;* "ki pizindâm", *vous écoutez*.

CHAPITRE VII. VERBES RELATIFS.

69. Nous nous bornerons dans ce chapitre aux verbes actifs à régime animé. Montrons d'abord qu'ils se rattachent aux verbes neutres au moyen de la troisième personne des verbes passifs absolus.

Verbe neutre.		Verbe passif.	
Nibwaka,	*il est sage ;*	Sakiha,	*il est aimé ;*
Nibwakak,	*ils sont sages ;*	Sakihak,	*ils sont aimés ;*
Nibwakaban,	*il était sage ;*	Sakihaban,	*il était aimé ;*
Nibwakabanek,	*ils étaient sages ;*	Sakihabanek,	*ils étaient aimés.*

Que l'on mette à présent les préfixes *ni* et *ki* devant cette troisième personne du verbe passif-absolu, et nous aurons le verbe relatif-actif :

Ni sakiha,	*je l'aime ;*	Ni sakihak,	*je les aime ;*
Ki sakiha,	*tu l'aimes ;*	Ki sakihak,	*tu les aimes ;*
Ni sakihaban,	*je l'aimais ;*	Ni sakihabanek,	*je les aimais ;*
Ki sakihaban,	*tu l'aimais ;*	Ki sakihabanek,	*tu les aimais.*

On peut faire de même avec les autres verbes :

Pasanjewa,	*il est puni ;*	Pakitewa,	*il est frappé ;*
Wabama,	*il est vu ;*	Amwa,	*il est mangé ;*
Nondawa,	*il est entendu ;*	Pizindawa,	*il est écouté ;*
Kitciwawina,	*il est louangé ;*	Manenima,	*il est méprisé ;*
Pindikana,	*il est introduit ;*	Sakidjiwebina,	*il est mis dehors.*

70. Comme la deuxième personne singulier du présent de l'impératif nous offre le verbe actif sous sa forme la plus simple, c'est d'elle qu'il parait plus naturel de tirer tout le reste du verbe.

A l'exception des deuxièmes personnes du présent de l'impératif, et des troisièmes du subjonctif, toutes les autres personnes du verbe ont des désinences différentes, selon que le régime est au singulier ou au pluriel. De là une double conjugaison :

IMPÉRATIF

Présent.

TAKON,	*saisis-le ;*	TAKON,	*saisis-les ;*
Takonata,	*saisissons-le ;*	Takonatak,	*saisissons-les ;*
Takonik,	*saisissez-le ;*	Takonik,	*saisissez-les.*

Futur.

Takonakan,	*saisis-le ;*	Takonakatwak,	*saisis-les ;*
Takonakang,	*&c....*	Takonakangwak,	*&c....*
Takonakeg,		Takonakegwak,	

INDICATIF

Présent.

Ni takona,	*je le saisis ;*	Ni takonak,	*je les saisis ;*
Ki takona,	&c....	Ki takonak,	&c....
O takonan,		O takonâ,	
Ni takonanan,		Ni takonananik,	
Ki takonawa,		Ki takonawak,	
O takonawan,		O takonawa,	

Imparfait.

Ni takonaban,	*je le saisissais ;*	Ni takonabanik,	*je les saisissais ;*
Ki takonaban,	&c....	Ki takonabanik,	&c....
O takonabanen,		O takonabanê,	
Ni takonanaban,		Ni takonanabanik,	
Ki takonawaban,		Ki takonawabanik,	
O takonawabanen,		O takonawabanê,	

SUBJONCTIF

Présent.

Takonak,	*si je le saisis ;*	Takonakwa,	*si je les saisis ;*
Takonadc,		Takonatwa,	&c....
Takonâte,	&c....	Takonâte,	
Takonangite,		Takonangitwa,	
Takonang,		Takonangwa,	
Takoneg,		Takonegwa,	
Takonawate,		Takonawate.	

Imparfait.

Takonakiban,	*si je le saisissais ;*	Takonakwaban,	*si je les saisissais ;*
Takonatiban,	&c....	Takonatwaban,	&c....
Takonapan,		Takonapan,	
Takonangiban,		Takonangitwaban,	
Takonangoban,		Takonangwaban,	
Takonegoban,		Takonegwaban,	
Takonawapan,		Takonawapan,	

ÉVENTUEL.

Tekonakin,	*quand je le saisis ;*	Tekonakwan,	*quand je les saisis ;*
Tekonâdjin,	&c....	Tekonatwan,	&c....
Tekonâdjin,		Tekonâdjin,	
Tekonangidjin,		Tekonangitwan,	
Tekonangon,		Tekonangwan,	
Tekonegon,		Tekonegwan,	
Tekonawadjin,		Tekonawadjin,	

Nous ferons connaître l'emploi de l'éventuel dans le chapitre du participe. C'est là aussi que nous parlerons des participes des verbes relatifs, matière trop abondante et trop compliquée pour être traitée ici d'une manière convenable. Quant au gérondif, ce mode n'existe pas dans les conjugaisons des verbes à régime soit actifs, soit passifs.

71. Nous n'avons mis ici que les temps simples ; il eût été superflu d'y joindre les temps composés, et il suffira de se rappeler qu'au futur de l'indicatif on doit remplacer la caractéristique *kata* par *ka* :

O ka takonan,	*il le saisira ;*	O ka takonâ,	*il les saisira ;*
O ka takonawan,	*ils le saisiront ;*	O ka takonawâ,	*ils les saisiront.*

72. Sur *takon* on pourra s'exercer à conjuguer les verbes suivants :

Sakih,	*aime-le ;*	Moh,	*fais-le pleurer ;*
Waban,	*vois-le ;*	Nipeh,	*endors-le ;*
Pamitaw,	*obéis-lui ;*	Nanaikaw,	*va le trouver ;*
Ganawenim,	*garde-le ;*	Pindikaw,	*entre chez lui ;*
Windamaw,	*dis-le-lui ;*	Pakitin,	*lâche-le ;*
Kakanzom,	*exhorte-le ;*	Webin,	*jette-le ;*
Pizindaw,	*écoute-le ;*	Tipakon,	*juge-le ;*
Kikinoamaw,	*instruis-le ;*	Kijikaw,	*paye-le.*

73. Certains verbes offrent dans leur racine une certaine particularité, savoir :

a) Les verbes en *j*, comme :

Kaj,	*cache-le ;*	Nagaj,	*abandonne-le ;*
Mij,	*donne-lui ;*	Pij,	*amène-le ;*
Anoj,	*emploie-le ;*	Ganoj,	*parle-lui.*

Ce *j* final se change en *n* dans toute la conjugaison active.

b) Les verbes en *ci*, comme :

Aci,	*mets-le ;*	Nici,	*tue-le ;*
Goci,	*crains-le ;*	Mawatici,	*fais-lui visite.*

Dans ces verbes *ci* se change partout en *s*.

c) Les verbes en *v*, comme :

Pakitev,	*frappe-le ;*	Pasanjev,	*punis-le ;*
Pajipev,	*darde-le ;*	Kounajav,	*enlève-le.*

Ce *v* devient *w* dans toute la conjugaison active.

CHAPITRE VIII. VERBES À RÉGIME INANIMÉ.

74. Dans tous ces verbes, la deuxième personne du présent de l'impératif est toujours semblable aux trois personnes du singulier du présent de l'indicatif, et c'est de cette personne que se forme tout le reste du verbe.

Nous diviserons les verbes à régime inanimé en deux conjugaisons ; à la première conjugaison appartiennent les verbes terminés en *on, en, in* ; Sakiton, *aime-le* ; minikwen, *bois-le* ; midjin, *mange-le*. Les verbes terminés en *an* sont de la seconde : Takonan, *saisis-le* ; wabandan, *vois-le* ; gotan, *crains-le* ; pizindan, *écoute-le*.

75. Pour l'ordinaire, tous ces verbes se tirent de la racine du verbe actif à régime animé, et on les trouve au dictionnaire marqués de cette manière :

SAKIH / Sakiton } *aime-le,*	ACI / Aton } *mets-le,*	PIJ / Piton } *apporte-le,*	KAJ / Katon } *cache-le,*
WEBIN / Webinan } *jette-le,*	TAKON / Takonan } *saisis-le,*	GOCI / Gotan } *crains-le,*	WABAM / Wabandan } *vois-le.*

76. Les verbes en *en* et en *in* sont très peu nombreux, et se tirent pour l'ordinaire de la

racine du verbe neutre. Ainsi de "minikwe", *il boit*, on formera le verbe actif "minikwen:" "totoeanabo o minikwen", *il boit du lait*; du verbe neutre AGWI, on formera l'actif "nind agwin, kit agwin, ot agwia".

Le verbe MIDJIN fait bande à part, et ne dérive d'aucun autre verbe.

77. Il y a fort peu de différence entre les conjugaisons des verbes absolus et celles des verbes à régime inanimé. On s'en convaincra aisément en comparant les verbes *nese* et *pizindam* avec les verbes *sakiton* et *pizindan*, qui vont servir de modèle pour la conjugaison des verbes à régime inanimé.

La lettre *n* qui termine ces verbes est purement servile et ne fait point partie du radical qui partout est *sakito* et *pizinda*. Nous avons soin de bien distinguer le radical d'avec les diverses terminaisons du singulier d'abord, et puis du pluriel, quand le pluriel en a qui lui sont propres.

IMPÉRATIF

Présent.

1. conj.	2. conj.
Sakiton,	pizindan,
Sakitota, *tan*	pizindanda, *ndan*
Sakitok,	pizindamok,

Futur.

Sakitokan, *katwan*	pizindamokan, *mokatwan*
Sakitokang, *kangwan*	pizindamokang, *mokangwan*
Sakitokeg, *kegwan*	pizindamokeg, *mokegwan*

INDICATIF

Présent.

Ni sakiton, *nan*	Ni pizindan, *nan*
Ki sakiton, *nan*	Ki pizindan, *nan*
O sakiton, *nan*	O pizindan, *nan*
Ni sakitonanan,[1] *nanda*	Ni pizindananan,[1] *nanda*
Ki sakitonawa, *nawan*	Ki pizindanawa, *nawan*
O sakitonawa, *nawan*	O pizindanawa, *nawan*

Imparfait.

Ni sakitonaban, *nabanen*	Ni pizindanaban, *nabanen*
Ki sakitonaban, *nabanen*	Ki pizindanaban, *nabanen*
O sakitonaban, *nabanen*	O pizindanaban, *nabanen*
Ni sakitonanaban, *nanabanen*	Ni pizindananaban, *nanabanen*
Ki sakitonawaban, *nawabanen*	Ki pizindanawaban, *nawabanen*
O sakitonawaban, *nawabanen*	O pizindanawaban, *nawabanen*.

SUBJONCTIF

Présent.

Sakitoian,	Pizindaman,
Sakitoian,	Pizindaman,
Sakitote,	Pizindang,
Sakitoiang,	Pizindamang,
Sakitoiang,	Pizindamang,
Sakitoieg,	Pizindameg,
Sakitowate,	Pizindamowate.

[1] *Nanda* est une contraction de *nananin*, terminaison qui serait fort peu agréable à l'oreille, surtout dans certains verbes qui donneraient encore un *na* de plus : "ni takonananananin, ni webinanananin".

Imparfait.

Sakito*iänaban*,	Pizindam*ânaban*,
Sakito*ianaban*,	Pizindam*anaban*,
Sakito*pan*,	Pizind*angiban*,
Sakito*iangiban*,	Pizindam*angiban*,
Sakito*iangoban*,	Pizindam*angoban*,
Sakito*iegoban*,	Pizindam*egoban*,
Sakito*wapan*,	Pizindam*owapan*.

78. Sur SAKITON on peut conjuguer les verbes suivants :

Aton,	*mets-le, dépose-le ;*	Minikwen,	*bois-en ;*
Apagiton,	*jette-le, lance-le ;*	Apandjikon,	*assaisonne-le avec ;*
Angoton,	*détruis-le ;*	Agwin,	*habille-toi avec ;*
Katon,	*cache-le ;*	Midjin,	*manges-en.*

Sur PIZINDAN on conjuguera :

Takonan,	*saisis-le ;*	Mitonenindan,	*pense-y ;*
Pakitinan,	*abandonne-le ;*	Ganawenindan,	*garde-le ;*
Webinan,	*rejette-le ;*	Ojitan,	*approche-s-en ;*
Otapinan,	*prends-le ;*	Gotan,	*redoute-le ;*
Wabandan,	*vois-le ;*	Pakitehan,	*frappe-le ;*
Kijikabandan,	*regarde-le ;*	Ipinehan,	*paye-le tout.*

A continuer.

V. — *Grammaire de la langue algonquine,*

Par M. L'ABBÉ CUOQ.

(Présentée le 30 mai 1890.)

PREMIÈRE PARTIE—*Suite.*

CHAPITRE IX. VERBES PASSIFS.

78 A. De même que les verbes actifs, les verbes passifs sont de trois sortes, savoir, les verbes absolus, les verbes à régime animé, les verbes à régime inanimé.

Les verbes passifs, soit absolus soit relatifs, se partagent en trois conjugaisons distinguées entre elles par les figuratives *ig*, *ag*, *og*.

Nous parlerons en premier lieu des verbes absolus ou sans régime :

Première conjugaison :	Ni sakihigo,	*je suis aimé ;*
Deuxième conjugaison :	Ni pizindago,	*je suis écouté ;*
Troisième conjugaison :	Ni pasanjehogo,	*je suis puni.*

79. Il est important de bien distinguer le radical de ces verbes d'avec la figurative ; en voici le radical : SAKIH—, PIZIND—, PASANJEH. Aux troisièmes personnes de ce dernier, on supprime l'*h*, et alors le radical est simplement *pasanje*—.

VERBES PASSIFS ABSOLUS.

INDICATIF

Présent.

1. c.	2. c.	3. c.
Ni sakih*igo*,	Ni pizind*ago*,	Ni pasanjeh*ogo*,
Ki sakih*igo*,	Ki pizind*ago*,	Ki pasanjeh*ogo*,
sakiha,	pizindawa,	pasanjewa,
Ni sakih*igo*min,	Ni pizind*ago*min,	Ni pasanjeh*ogo*min,
Ki sakih*igo*m,	Ki pizind*ago*m,	Ki pasanjeh*ogo*m,
sakihak.	pizindawak.	pasanjewak.

Imparfait.

Ni sakih*igo*naban,	Ni pizind*ago*naban,	Ni pasanjeh*ogo*naban,
Ki sakih*igo*naban,	Ki pizind*ago*naban,	Ki pasanjeh*ogo*naban,
sakihaban,	pizindawaban,	pasanjewaban,
Ni sakih*igo*nanaban,	Ni pizind*ago*nanaban,	Ni pasanjeh*ogo*nanaban,
Ki sakih*igo*nawaban,	Ki pizind*ago*nawaban,	Ki pasanjeh*ogo*nawaban,
sakihabanek.	pizindawabanek.	pasanjewabanek.

SUBJONCTIF

Présent.

1. c.	2. c.	3. c.
Sakihigoiân,	Pizindagoiân,	Pasanjehogoiân,
Sakihigoiân,	Pizindagoiân,	Pasanjehogoiân,
Sakihinte,	Pizindawinte,	Pasanjehonte,
Sakihigoiang,	Pizindagoiang,	Pasanjehogoiang,
Sakihigoiang,	Pizindagoiang,	Pasanjehogoiang,
Sakihigoieg,	Pizindagoieg,	Pasanjehogoieg,
Sakihindwa.	Pizindawindwa.	Pasanjehondwa.

Imparfait.

Sakihigoiânbân,	Pizindagoiânbân,	Pasanjehogoiânbân,
Sakihigoiânbân,	Pizindagoiânbân,	Pasanjehogoiânbân,
Sakihindiban,	Pizindawindiban,	Pasanjehondiban,
Sakihigoiangiban,	Pizindagoiangiban,	Pasanjehogoiangiban,
Sakihigoiangoban,	Pizindagoiangoban,	Pasanjehogoiangoban,
Sakihigoiegoban,	Pizindagoiegoban,	Pasanjehogoiegoban,
Sakihindwaban.	Pizindawindwaban.	Pasanjehondwaban.

80. A part les troisièmes personnes, ces verbes se conjugnent comme les verbes neutres. Dans ceux-ci il y a de moins la figurative de la voix passive ; les terminaisons sont semblables à celles du verbe *nesr* ; seulement, elles sont précédées de la voyelle unitive *o*.

81. Nous n'avons pas marqué ici l'impératif, parce qu'il est très rarement employé dans le plus grand nombre des verbes. Mais il est certain qu'il existe, en voici des exemples tirés du verbe "kikinoamaw," *instruis-le* :

*Awi kikinoamagon, ... gota, ... gok, *va, allons, allez à l'école ;*
*Pi kikinoamagokan, ... kang, ... keg wabang, *demain viens, venons, venez au catéchisme.*

82. Il sera parlé ailleurs des modes secondaires des verbes passifs-absolus, l'éventuel, le participe et le gérondif.

VERBES PASSIFS À RÉGIME ANIMÉ.

83. Ces verbes se forment de l'impératif du verbe actif.

a). Pour la première conjugaison on se contente d'ajouter la figurative du passif qui suit la désinence personnelle.

Ainsi de SAKIH, *aime-le*, on formera :

Ni sakihik, *je suis aimé de lui ;* Ki sakihik, *tu es aimé de lui ;* O sakihigon, *il est aimé de lui.*

b). Pour la deuxième conjugaison à la place de AW qui se détache de la racine, on met la figurative et à sa suite les différentes désinences.

Ainsi de PIZINDAW, *écoute-le*, on ne garde que *pizind* auquel on ajoute *ag*, *agon*, etc. :

Ni pizindag, *je suis écouté de lui ;* Ki pizindag, *tu es écouté de lui ;* O pizindagon, *il est écouté de lui.*

c). Pour la troisième conjugaison on remplace le *v* final par *hok*, *hogon*, etc.

Ainsi de PASANJEV, *punis-le*, on formera :

Ni pasanjehok, *je suis puni par lui ;* Ki pasanjehok, *tu es puni par lui ;*
O pasanjehogon, *il est puni par lui, &c.*

---

* Pour bien comprendre ces deux phrases, il faut connaître la signification des deux particules AWI et PI ; on les retrouvera un peu plus loin, au Chapitre XIV : c'est là qu'on en fera connaître la véritable signification.

84. Rien de plus simple que la formation des autres personnes du présent de l'indicatif ; on ne fait qu'ajouter à la suite de *go*, les différentes désinences de la voix active, savoir : *nan,-wa,-nan*.

Même simplicité pour l'imparfait : *ban,-banen,-naban,-waban,-wabanen*.

Si le régime du verbe est au pluriel, de *ik*, de *ag*, de *hok*, on fait *igok, agok, hogok* ; on marque d'un accent grave l'*o* du *go* de la troisième personne (o sakihigò), et après le go des autres, on ajoute *nanik,-wak,-wà*.

Pour l'imparfait les désinences plurielles seront : -banek,-banè,-nabanek,-wabanek,-wabanè.

85. La formation du subjonctif est un peu compliquée, et il nous semble utile d'en conjuguer successivement le présent et l'imparfait. Mais il suffira de marquer les désinences ; un tiret placé en avant remplacera très bien *sakih* pour la première conjugaison, *pizind* pour la deuxième, *pasanje* pour la troisième. La troisième personne étant la même pour les deux nombres, nous lui donnons une place commune.

SUBJONCTIF

Présent.

1 c.		2 c.		3 c.	
-ite,	-iwate	-awite,	-awiwate	-hote,	-howate
-ik,	-ikwa	-ok,	-okwa	-ok,	-okwa
-igote		-agote		-hegote	
-iiaminte,	-iiamindwa	-awiiaminte,	-awiiamindwa	-hoiaminte,	-hoiamindwa
-inang,	-inangwa	-onang,	-onangwa	-honang,	-honangwa
-inag,	-inagwa	-onag,	-onagwa	-honag,	-honagwa
-igowate		-agowate		-hogowate	

Imparfait.

-ipan,	-iwapan	-awipan,	-awiwapan	-hopan	-howapan
-ikiban	-ikwaban	-okiban,	-okwaban	-hokiban,	-hokiban
-igopan		-agopan		-hegopan	
-iiamindiban,	-iiamindwaban	-awiiamindiban,	-awiiamindwaban	-hoiamindiban,	-hoiamindwaban
-inangoban,	-inangwaban	-onangoban,	-onangwaban	-honangoban,	-honangwaban
-inagoban,	-inagwaban	-onagoban,	-onagwaban	-honagoban,	-honagwaban
-igowapan		-agowapan		-hogowapan.	

86. C'est toujours par le verbe passif qu'on rend en algonquin la relation active de la troisième personne : *il me, il te, il nous, il vous*, etc.

Ainsi pour traduire ces phrases : "il m'aime, il t'aime," il faut d'abord leur donner la tournure passive : "je suis aimé de lui, tu es aimé de lui," ni sakihik, ki sakihik.

Il en est de même pour le verbe dont le sujet en français est inanimé, il devient régime en algonquin, et de la voix active le verbe passe à la voix passive.

VERBES PASSIFS À RÉGIME INANIMÉ

87. La conjugaison des verbes passifs à régime inanimé n'offre aucune difficulté ; ils peuvent tous se conjuguer sur le modèle de SAKITON. Voici quelques exemples de l'emploi de ces verbes :

Ni nisigon gackendamowin,	*je suis tué par le chagrin ;*
Nind amogon nesitamendamowin,	*l'impatience me dévore ;*
Ni takonigon akosiwin,	*je suis saisi par la maladie ;*
Nind odisigon mazinaigan,	*une lettre m'arrive ;* [1]

[1] Littéralement : *je suis abordé par une lettre*, c'est-à-dire selon le génie de notre langue : *je reçois une lettre.*

Ni nibwakahigon aiamiewin, *la prière me rend sage ;*
Sakihota kit aiamiewininan, ki ga nibwakahigonanan, ki gat onicicihigonanan, wakwing ki gat ijiwinigonanan,
aimons notre religion, elle nous rendra sages, elle nous rendra bons, elle nous conduira au ciel.

CHAPITRE X. VERBES DIALOGUÉS.

88. Sous le titre de *verbes dialogués* nous renfermons tous les verbes dans lesquels la première et la deuxième personne sont en rapport l'une avec l'autre, soit comme sujet, soit comme régime

Quand l'une de ces deux personnes est le sujet du verbe, l'autre en est le régime. De là deux sortes de verbes dialogués, les verbes à régime de première personne : " ki wabam," *tu me vois ;* ki nondaw, *tu m'entends ;* et les verbes à régime de deuxième personne : " ki wabamin," *je te vois ;* ki nondon, *je t'entends.*

VERBE À RÉGIME DE PREMIÈRE PERSONNE.

89. La conjugaison de cette classe de verbes dialogués commence par la racine elle-même du verbe, à laquelle il suffit de préposer le préfixe de la seconde personne :

Ki sakih, ki pizindaw, ki pasanjew. *tu m'aimes, tu m'écoutes, tu me punis.*

90. Dans les verbes passifs à régime animé nous avons distingué trois conjugaisons ; ici il n'y a que les verbes terminés en *e* qui font bande à part, ceux en *aw* se réunissent aux autres pour former la première conjugaison.

Le signe de la première conjugaison est *i*, il se place entre le radical et la désinence personnelle.

Le signe de la deuxième conjugaison est *o* précédé de l'*h* qui tient la place du *e* retranché.

91. Partout, excepté à l'impératif, les désinences personnelles sont celles des verbes neutres de la première conjugaison

INDICATIF

Présent.		Imparfait.	
Ki sakih,	*tu m'aimes*	Ki sakihinaban,	*tu m'aimais*
Ki sakihimin,	*tu nous aimes* / *vous nous aimez*	Ki sakihinanaban,	*tu nous aimais* / *vous nous aimiez*
Ki sakihim,	*vous m'aimez.*	Ki sakihinawaban,	*vous m'aimiez.*

IMPÉRATIF

Présent.		Futur.	
Sakihicin,	*ama me*	Sakihicikan,	*amato me*
Sakihicinam,	*ama nos* / *amate nos*	Sakihicikang,	*amato nos* / *amatote nos*
Sakihicik,	*amate me.*	Sakihicikeg,	*amatote me.*

SUBJONCTIF

Présent.		Imparfait.	
Sakihiian,	*ames me*	Sakihiianban,	*amares me*
Sakihiiang,	*ames nos* / *ametis nos*	Sakihiiangiban,	*amares nos* / *amaretis nos*
Sakihiieg,	*ametis me.*	Sakihiiegoban,	*amaretis me.*

92. Ainsi se conjuguent tous les verbes actifs quelle que soit leur terminaison, et même ceux qui se terminent en *e*, comme *pakitee*, *pasanjee*, pourvu que l'on ait soin de remplacer le *e* par *k* et de mettre ensuite un *o* au lieu d'un *i* :

Ki pasanjew,	*tu me punis.*	Ki pasanjekomin,	*tu nous punis,*	Pasanjekocin,	*punis-moi.*

VERBE À RÉGIME DE SECONDE PERSONNE.

93. Entre les radicaux " sakih, pizind, pasanje " et les désinences personnelles il faut intercaler *-in-* pour le premier, *-on-* pour le second, *-kon-* pour le troisième.

Les désinences du subjonctif sont empruntées aux verbes neutres de la troisième conjugaison.

INDICATIF

Présent.		Imparfait.	
Ki sakihin,	*aime te*	Ki sakihinnaban,	*te aimais*
Ki sakihinmin,	{ *aimons te* / *aimons vos*	Ki sakihininanaban,	{ *te* / *vos* } *aimaions*
Ki sakihinim,	*aime vos*	Ki sakihininawaban,	*vos aimaient.*

SUBJONCTIF

Présent.		Imparfait.	
Sakihinân,	*aime te*	Sakihinânban,	*aimerais te*
Sakihinang,	{ *aimons* *te* / *vos*	Sakihinangiban,	{ *aimerions* } *te* / *vos*
Sakihinagok,	*aime vos*	Sakihinagokoban,	*aimerais vos.*

94. Par ce qui précède, on voit assez le motif qui m'a fait inventer cette dénomination de *verbes dialogues*. Les exemples suivants achèveront de la justifier en même temps qu'ils serviront d'*exercices* pour ces sortes de verbes.

Ki nondaw-na ?—Ki nondon,	*m'entends-tu ?—je t'entends ;*
Ki nondawimi-na ?—Ki nondonim,	*m'entendez-vous ?—je vous entends ;*
Ki nondawiminena ?—Ki nondonimin,	*nous entendez-vous ?—nous vous entendons ;*
Nondawiân, nakwetawicin,	*si tu m'entends, réponds-moi ;*
Nondawiang, nakwetawicinam,	*si tu nous entends, répondez-nous ;*
Nondawiieg, nakwetawiciek,	*si vous m'entendez, répondez-moi ;*
Pakitehoiân, ki ga pakitehon,	*si tu me frappes, je te frapperai ;*
Pakitehoiang, ki ga pakitehonimin,	*si tu nous frappes, nous te frapperons ;*
Pakitehoieg, ki ga pakitehonim,	*si vous me frappez, je vous frapperai ;*
Ki pitcisinamawiiân, ki ga madjiehamon,	*quand j'aurai reçu ta lettre, je t'enverrai une réponse ;*
Wibate pitcisinamawicikang,	*hâtez-vous de nous écrire (dès que vous serez arrivés) ;*
Ganojicin, ki ga ganonin,	*parle-moi, je te parlerai ;*
Ganojicinam, ki ga ganoninimin,	*parlez-nous, nous vous parlerons ;*
Ganojicik, ki ga ganoninim,	*parlez-moi, je vous parlerai ;*
Gaganotamawicik gaganotamonagok.	*priez pour moi qui prie pour vous.*

CHAPITRE XI. VERBES RÉFLÉCHIS ET VERBES RÉCIPROQUES.

95. On a vu au chapitre précédent, que les verbes dialogués ont la forme des verbes absolus, bien qu'ils aient la signification des verbes relatifs. Il en est de même des verbes réfléchis et des verbes réciproques ; les uns comme les autres se conjuguent exactement sur le modèle des verbes neutres de la première conjugaison. Chez tous sans exception, les désinences personnelles sont celles du verbe *nese* ; seulement entre la racine et les désinences il faut intercaler la figurative du verbe.

96. A cause du mode de formation des verbes réfléchis et des verbes réciproques lequel est identique, et aussi de la ressemblance de leurs figuratives, nous réunissons ces deux sortes de verbes dans un même chapitre.

Les uns et les autres se forment de la racine du verbe actif d'après les règles suivantes :

a) Si la racine est en *h*, comme *sakih, aime-le*, ou en *n*, comme *tukon, saisis-le*, la figurative du réfléchi sera "itis, o," et celle du réciproque "iti" :

Ni sakihitis, *je m'aime ;* Sakihitizo, *il s'aime ;*
Ni sakihitizomin, *nous nous aimons nous-mêmes ;* Ki sakihitizom, *vous vous aimez vous-mêmes ;*
Ni sakihitimin, *nous nous entr'aimons ;* Ki sakihitim, *vous vous entr'aimez ;*
Sakihitita, *aimons-nous les uns les autres ;* Sakihitik, *aimez-vous les uns les autres.*

b) Si la racine est en *m*, comme *kikenim, connais-le ;* wabam, *vois-le*, on change *m* en "ndis, o" pour le réfléchi, en "ndi" pour le réciproque :

Ni kikenindis, *je me connais ;* Kikenindizo, *il se connaît ;*
Kikenindizoban, *il se connaissait ;* Kekena kikenindizoiân, *puissé-je me connaître !*
Pinawigo eko kikenindiwate, *il y a longtemps qu'ils se connaissent l'un l'autre ;*
Nanda kikenindiegoban, acaie ki ta kikenindim, *si vous aviez cherché l'un l'autre à faire connaissance, maintenant vous vous connaîtriez l'un l'autre.*

c) Si la racine est en *daw*, comme *pizindaw, écoute-le ;* en *taw*, comme *minototaw, traite-le bien ;* en *maw*, comme *kikinoamaw, instruis-le ;* en *naw*, comme *nisitawinaw, reconnais-le ;* on change *w* en "tis, o," pour le réfléchi, en "ti" pour le réciproque :

Pizindatizokang eiamiaiangon, *il faut que nous nous écoutions nous-mêmes quand nous prierons ;*
Pizindatik, *écoutez-vous les uns les autres ;* Minototatik, *faites-vous du bien les uns aux autres.*

d) Si la racine est en *kaw*, comme *itckaw, perce-le ; anamikaw, salue-le ;* on change *aw* en "otatis, o" pour le réfléchi, en "otati" pour le réciproque :

Nind inickotatis, *je me perce ;* Ki inickotatizo, *il s'est percé ;*
Nind anamikotatimin, *nous nous saluons ;* Ki anamikotatik, *ils se sont salués.*

e) Si la racine est en *j*, comme *ganoj, parle-lui ; anoj, emploie-le*, on change *j* en "nitis, o," pour le réfléchi, en "niti," pour le réciproque :

Ni ganonitis, *je me parle à moi-même ;* Ni ganonitizonaban, *je me parlais à moi-même ;*
Ganonitibanek, *ils conversaient ensemble ;*
Ondas, ningwi, ki ga ganonitimin, *viens, mon camarade, nous causerons.*

f) Si la racine est en *ci*, comme "nici," *tue-le ;* aci, *place-le ;* on change *ci* en "sitis, o" pour le réfléchi, en "siti" pour le réciproque :

Ki wi nisitis, nisitizon, *tu veux te tuer, tue-toi ;*
Nisitizote awiia, matci totam, *si quelqu'un se tue, il fait mal.*
Ki wi nisitim, *vous voulez vous entre-tuer ;*
Apitci manatat i wi nisitieg, *c'est très mal de vouloir vous entre-tuer.*

g) Si la racine est en *v*, comme "pakitev," *frappe-le ;* pasanjev, *punis-le ;* on change *v* en "hotis, o," pour le réfléchi, en "hoti" pour le réciproque :

Pakitehotisota, pasanjehotizoda, *frappons-nous nous-mêmes, punissons-nous nous-mêmes ;*
Pakitehotibanek, *ils se frappaient l'un l'autre ;*
Ta ki pasanjehotibanek, *ils auraient dû se châtier réciproquement.*

CHAPITRE XII. VERBES UNIPERSONNELS.

97. Sous ce titre général de verbes *unipersonnels* nous réunirons non seulement les verbes que l'on appelle communément *impersonnels*, comme "il faut, il pleut," mais encore tous les verbes *absolus à sujet inanimé*, comme "il s'ouvre, il se ferme, il est cassé, il est vermoulu, c'est bon, c'est mauvais," etc.

Ceux-ci ont de plus que les premiers, un pluriel. Les uns et les autres se terminent ou par *n*, ou par *t*, ou par une voyelle. De là trois conjugaisons ;

98. Première conjugaison, verbes terminés par une voyelle :

Ate masinaigan,	*le livre y est ;*	Aton masinaiganan,	*les livres y sont ;*
Atenite o masinaigan,	*son livre y est ;*	Atenitwan o masinaiganan,	*ses livres y sont ;*
Ateban,	*il y était ;*	Atebanen,	*ils y étaient ;*

Atek ni masinaigan, piton, *si mon livre y est, apporte-le ;*
Atekin ki masinaiganan, madjiton, *si tes livres y sont, emporte-les ;*
Atenik o masinaigan, mij, *si son livre y est, donne-le lui.*

99. Deuxième conjugaison, verbes terminés par *n* :

Onicicin ki tciman, *ton canot est bon ;*
Onicicinon ki tcimanan, *tes canots sont bons ;*
Onicicinini o tciman, *son canot est bon ;*
Onicicinoban ni tcimaniban, *il était bon mon canot ;*
Onicicininiwan o tcimanan, *ils sont bons ses canots ;*
Oniciciug ki tciman, ninga kispinaton, *si ton canot est bon, je l'achèterai ;*
Onicicingiban, ninda ki kispinaton, *s'il avait été bon, je l'aurais acheté ;*
Onicicininik o tciman, kispinaton, *si son canot est bon, achète-le ;*
Onicicininigobanen o tcimaniban, ninda ki kispinatonaban, *si son ancien canot eût été bon, je l'eusse acheté.*

100. Troisième conjugaison, verbes terminés par *t* :

Animat tote-pimite, *le beurre est cher ;*
Animaton wawan, *les œufs sont chers ;*
Animatoban pipoung, *il était cher l'hiver dernier ;*
Kinawe animatogoban kaiat, *il était bien plus cher autrefois ;*
Animak nongom eji animakiban teinago, *s'il est cher aujourd'hui comme il l'était hier ;*
Eji animatogobanen kaiat, nongom nuking iji animakiban, *s'il était aussi cher cet été qu'il avait été autrefois ;*
Osam animatini ot anokadjigan, *sa marchandise est trop chère ;*
Mino kijigak nongom, ninga pos, ni saiensdac wabanini kata posi iganawi matci kijigatinik, *s'il fait beau aujourd'hui, je m'embarquerai, et mon frère s'embarquera demain, quoiqu'il fasse mauvais.*

101. Toute la différence qu'il y a entre la deuxième conjugaison et la troisième conjugaison, c'est que dans celle-ci le *t* de l'indicatif se change en *k* pour le subjonctif, "animat, animak," tandis que dans celle-là, on ne fait qu'ajouter un *g* : "onicicin, oniciciug."

102. Le *ni* à l'indicatif, le *nik* au subjonctif, marquent l'obviatif des verbes unipersonnels : on les emploie quand le fait dont il s'agit est attribué uniquement à la troisième personne.

Dans l'oraison dominicale nous disons :

"Kekona kitcitwawindjikatek kit ijinikazowin, kekona pitcijamagak ki tibenindjigewin," *sanctificetur nomen tuum, adveniat regnum tuum.*

Au lieu de *tuum*, si l'on met *ejus*, on ne se contentera pas en algonquin de changer les pronoms, il faudra de plus donner aux verbes la marque de l'obviatif :

" Kekona kitcitwawidjikate*nik ot* ijinikazowin, kekona pitcijamagati*nik o* tibeningewin."

103. On peut conjuguer avec ou sans pluriel selon que le verbe est ou non susceptible d'un sujet au pluriel, les verbes suivants :

sur *air* :		sur *ancien* :		sur *animal* :	
Kisina,	*il fait froid ;*	Notin,	*il vente ;*	Tibikat,	*il est nuit ;*
Kijate,	*il fait chaud ;*	Anwatin,	*le vent est tombé ;*	Ningwanakwat,	*le temps est couvert ;*
Sokipo,	*il neige ;*	Kackatin,	*la rivière est gelée ;*	Sanagat,	*c'est fâcheux ;*
Kijite,	*c'est cuit ;*	Mackawatin,	*il gèle fort ;*	Manatat,	*c'est mauvais ;*
Pate,	*c'est sec ;*	Nangan,	*c'est léger ;*	Inenindagwat,	*il faut ;*
Gebikate,	*c'est couvert ;*	Kosikwan,	*c'est lourd ;*	Minomagwat,	*c'est odoriférant ;*
Kipaikate,	*c'est fermé ;*	Songan,	*c'est fort ;*	Minotagwat,	*c'est mélodieux.*

104. Les verbes ci-dessus expriment tous une qualité, une manière d'être, ou un état passif, ou encore (pour ce qui concerne les premiers des trois listes) un certain état de l'atmosphère.

En ajoutant *magat* à des verbes absolus et complets, comme akos, i, *être malade ;* sakihiwe, *aimer ;* kijiwe, *parler fort ;* maw, i, *pleurer ;* modjikenindam, *se réjouir ;* anwenindis, o, *se repentir*, etc., on forme tout autant de verbes unipersonnels :

Akosimagat, sakihiwemagat, kijiwemagat, mawimagat, modjikenindamomagat, anwenindizomagat.

Voici quelques exemples de l'emploi de ces verbes :

Akosimagat ni mitonenindjigan,	*mon esprit est malade ;*
Onzam sakihiwemagat kitch,	*ton cœur est trop aimant ;*
Kijiwemagat ickote-tciman,	*le bateau à vapeur a la voix forte ;*
Modjikenindamomagat otenaw,	*le village est en liesse ;*

Kekona mawimagak kakina kit otenawiwa ket apitc anwenindizomagak ka iji matci totamomagak, *puisse tout votre village pleurer de regret d'avoir si mal agi !*

Chapitre XIII. Le participe.

105. Nous avons dit que nos pronoms relatifs n'ont pas d'équivalent en algonquin, et qu'on supplée à leur défaut au moyen des participes.

Le participe paraît souvent se confondre avec le subjonctif ; mais du moins, ils sont toujours distingués l'un de l'autre par la troisième personne du pluriel, dans les verbes absolus ; dans les verbes à régime animé, ils le sont dans toutes les personnes, quand le régime est au pluriel. C'est ce que l'on va voir clairement par les exemples suivants :

a). Verbe absolu : GACKENINDAM, *être chagrin.*

Nin geckenindamân,	*moi qui ai du chagrin,*	Kin geckenindamân,	*toi qui as du chagrin,*
Win geckenindang,	*lui qui a du chagrin,*	Ninawint geckenindamâng, Kinawint geckenindamâng,	*nous qui avons du chagrin,*
Kinawa geckenindameg,	*vous qui avez du chagrin,*	Winawa geckenindangik,	*eux qui ont du chagrin.*

Au subjonctif, il n'y a d'autre changement à faire que celui de la dernière personne, ainsi l'on dira : " megwatc geckenindamowate," *pendant qu'ils ont du chagrin.* Il en sera de même à l'imparfait :

Nin geckenindamânbân,	*moi qui avais du chagrin,*
Kin geckenindamanbân,	*toi qui avais du chagrin,*
Win geckenindangiban,	*lui qui avait du chagrin,*
Ninawint geckenindamangiban, / Kinawint geckenindamangoban,	*nous qui avions du chagrin,*
Kinawa geckenindamegoban,	*vous qui aviez du chagrin,*
Winawa geckenindangibanek,	*eux qui avaient du chagrin.*

Au subjonctif, toutes les autres personnes restant les mêmes, on ne changera que la dernière :

Megwatc geckenindamowapan,	*pendant qu'ils avaient du chagrin.*

106. Les pronoms isolés *nin*, *kin*, etc., ne sont pas de rigueur ; on ne les emploie d'ordinaire que quand l'on parle avec emphase. Nous donnerons plus tard des exemples où ils se trouvent supprimés.

b). Verbe absolu réfléchi ANWENINDIS, o :

Nin aianwenindizoiân,	*moi qui me repens,*
Kin aianwenindizoiân,	*toi qui te repens,*
Win aianwenindizote,	*lui qui se repent,*
Ninawint aianwenindizoiang, / Kinawint aianwenindizoiang,	*nous qui nous nous repentons,*
Kinawa aianwenindizoieg,	*vous qui vous vous repentez,*
Winawa aianwenindizodjik,	*eux qui se repentent.*

c). Verbe absolu réciproque SAKIHITI.... :

Ninawint saiakihitiiâng, / Kinawint saiakihitiiâng,	*nous qui nous nous entr'aimons,*
Kinawa saiakihitieg,	*vous qui vous vous entr'aimez,*
Winawa saiakihitidjik,	*eux qui s'entr'aiment.*

d) Verbes unipersonnels, ATE, ONIŠICIN, ANIMAT :

Etek,	*ce qu'il y a,*	Wenicicing,	*le bien,*	Aianimak,	*ce qui est cher,*
Etekin,	*les choses qui y sont,*	Weniciringin,	*les choses bonnes,*	Aianimakin,	*les choses chères.*

e). Verbe absolu passif, SAKIHA :

Saiakihinte,	*celui qui est aimé,*	Saiakihindjik,	*ceux qui sont aimés.*

f). Verbes à régime inanimé. Ces verbes, tant actifs que passifs, forment leurs participes comme ceux des verbes neutres :

Saiakitote aiamiewin,	*celui qui aime la religion ;*
Saiakitodjik nibwakawin,	*ceux qui aiment la sagesse ;*
Tekonigote akosiwin,	*celui qui est saisi par la maladie ;*
Tekonigodjik pakatewin,	*ceux qui sont saisis par la famine.*

g). Verbe actif à régime animé :

Saiakihak,	*celui que j'aime ;*	Saiakihagik	*ceux que j'aime ;*
Saiakihate,	*celui que tu aimes ;*	Saiakihadjik,	*ceux que tu aimes ;*
Saiakihadjin,	*celui qu'il aime ;*	Saiakihadji,	*ceux qu'il aime ;*
Saiakihangite, / Saiakihang,	*celui que nous aimons ;*	Saiakihangidjik, / Saiakihangok,	*ceux que nous aimons ;*
Saiakiheg,	*celui que vous aimez ;*	Saiakihegok,	*ceux que vous aimez ;*
Saiakihawadjin,	*celui qu'ils aiment ;*	Saiakihawadji,	*ceux qu'ils aiment.*

h). Verbe passif à régime animé :

Saiakihite,	*celui qui m'aime ;*	Saiakihidjik,	*ceux qui m'aiment ;*
Saiakihik,	*celui qui l'aime ;*	Saiakihikik,	*ceux qui l'aiment ;*
Saiakihigowadjin,	*celui qui l'aime ;*	Saiakihigowadji,	*ceux qui l'aiment ;*
Saiakihiiaminte, Saiakihinang,	} *celui qui nous aime ;*	Saiakihiiamindjik, Saiakihinangok,	} *ceux qui nous aiment ;*
Saiakihineg,	*celui qui vous aime ;*	Saiakihinegok,	*ceux qui vous aiment ;*
Saiakihigowadjin,	*celui qui les aime ;*	Saiakihigowadji,	*ceux qui les aiment.*

i). Verbes dialogués :

Saiakihinin,	*toi qui m'aimes ;*	Saiakihinan,	*toi que j'aime ;*
Saiakihiiang,	{ *toi qui nous aimes ;* *vous qui nous aimez ;*	Saiakihinang,	{ *toi que* *vous que* } *nous aimons ;*
Saiakihiieg,	*vous qui m'aimez ;*	Saiakihinagok,	*vous que j'aime.*

107. Le participe a tous les temps du subjonctif, soit simples, soit composés. Il suffit de mettre ici les personnes du pluriel qui seules ont des désinences différentes, au passé comme au présent :

a). Aianwenindizopanek,	*ceux qui se repentaient ;*	Pezindamopanek,	*ceux qui écoutaient ;*
Nesepanek,	*ceux qui respiraient ;*	Tagoşingibanek,	*ceux qui arrivaient.*
b). Saiakihitipanek,	*ceux qui s'entr'aimaient ;*	Makatipanek,	*ceux qui se battaient ;*
Caagenindipanek,	*ceux qui se haïssaient ;*	Watikendipanek,	*ceux qui habitaient ensemble.*
c). Etekibanen,	*les choses qui y étaient ;*	Weniçiçingibanen,	*qui étaient beau ;*
Aianimakibanen,	*qui étaient rares.*		
d). Saiakihindibanek,	*ceux qui étaient aimés ;*	Pezindawindibanek,	*ceux qui étaient écoutés ;*
Waiabamindibanek,	*ceux qui étaient vus ;*	Pakitehondibanek,	*ceux qui étaient frappés.*
e). Saiakitopanek nandopaniwin,		*ceux qui aimaient la guerre ;*	
Nesigopanek iskotewabo,		*ceux qui étaient tués par l'eau-de-vie.*	
f). Saiakihagibanek,	*ceux que j'aimais ;*	Saiakihatibanek,	*ceux que tu aimais ;*
Saiakihapanê, Saiakihegobanek,	*ceux qu'il aimait ;* *ceux que vous aimiez ;*	Saiakihangibanek, Saiakihangobanek,	} *ceux que nous aimions.*
Saiakihawapanê,	*ceux qu'ils aimaient.*		
g). Saiakihipanek,	*ceux qui m'aimaient ;*	Saiakihikipanek,	*ceux qui l'aimaient ;*
Saiakihigopanê, Saiakihinegobanek,	*ceux qui l'aimaient ;* *ceux qui vous aimaient ;*	Saiakihiiamindibanek, Saiakihinangobanek,	} *ceux qui nous aimaient ;*
Saiakihigowapanê,	*ceux qui les aimaient.*		

108. Il nous reste à parler de l'éventuel et du gérondif. L'un et l'autre prennent l'augment.

On forme l'éventuel du subjonctif en ajoutant *in*, *on*, *wan*, selon les personnes :

a) Naiesedjin,	*quand je respire ;*	Naiesenin,	*quand tu respires ;*
Naiesedjin, Naieseiegon,	*quand il respire ;* *quand vous respirez ;*	Naieseiangin, Naieseiangon,	} *quand nous respirons ;*
Naiesewadjin,	*quand ils respirent.*		
b). Neckenindiangin, Neckenindiangon,		} *quand nous nous entre-fâchons ;*	
Neckenindiegon,		*quand vous vous entrefâchez ;*	
Neckenindiwadjin,		*quand ils s'entrefâchent.*	

c). Dans les verbes unipersonnels, l'éventuel se confond avec le pluriel du participe présent :

Etekin, weniçiçingin, aianimakin, kajigakin, tebigakin, ejinikatekin, pengisingin.

d). Saiakihigoiânin,	*quand je suis aimé ;*	Saiakihigoiânin,	*quand tu es aimé ;*
Saiakihindjin,	*quand il est aimé ;*	Saiakihigodangin, Saiakihigodangan,	*quand nous sommes aimés ;*
Saiakihigokegon,	*quand vous êtes aimés ;*		
Saiakihindwan,	*quand ils sont aimés.*		

e). Sur le modèle de SAIESEIANIN, on conjugue l'éventuel des verbes à régime inanimé soit actifs, soit passifs.

Régime au singulier :		Régime au pluriel :	
f). Saiakihakin,	*quand je l'aime ;*	Saiakihakwan,	*quand je les aime ;*
Saiakihadjin,	*quand tu l'aimes ;*	Saiakihadwan,	*quand tu les aimes ;*
Saiakihadjin,	*quand il l'aime ;*	Saiakihadjin,	*quand il les aime ;*
Saiakihangin, Saiakihangon,	*quand nous l'aimons ;*	Saiakihangitwan, Saiakihangwan,	*quand nous les aimons ;*
Saiakihegon,	*quand vous l'aimez ;*	Saiakihegwan,	*quand vous les aimez ;*
Saiakihawadjin,	*quand ils l'aiment.*	Saiakihawadjin,	*quand il les aiment.*

Régime au singulier : *		Régime au pluriel : *	
g). Saiakihidjin,	*quand il m'aime,*	Saiakihiwadjin,	*quand ils m'aiment,*
Saiakihikin,	*quand il t'aime,*	Saiakihikwan,	*quand ils t'aiment,*
Saiakihigodjin,	*quand il est aimé de lui,*	Saiakihigodjin,	*quand il est aimé d'eux,*
Saiakihiiamindjin, Saiakihinangon,	*quand il nous aime,*	Saiakihiamindjin, Saiakihinangwan,	*quand ils nous aiment,*
Saiakihinegon,	*quand il vous aime,*	Saiakihinegwan,	*quand ils vous aiment,*
Saiakihigowadjin,	*quand ils sont aimés de lui,*	Saiakihigowadjin,	*quand ils sont aimés d'eux.*

109. Le géroudif est un mode exclusivement propre aux verbes absolus ; il se forme de la troisième personne du présent de l'indicatif :

Sakihijike,	*il aime ;*	Sakihitiso,	*il s'aime ;*
Sakiha,	*il est aimé ;*	Sakihiti....,	*s'entr'aiment ;*
Saiakihijikengin,		*comme quelqu'un qui aime ;*	
Saiakihingin,		*comme quelqu'un qui est aimé ;*	
Saiakihitisongin,		*en égoïste ;*	
Saiakihitingin,		*comme des amis, comme des gens qui s'entr'aiment.*	

Chapitre XIV. La particule verbale.

110. Nous donnons le nom de *particule verbale* à une espèce particulière de mots qui, se plaçant devant les verbes, font eux-mêmes l'office d'un verbe.

Quand le verbe auquel se joint la particule verbale est à un des modes qui subissent la mutation de voyelle connue sous le nom d'*augment*, la particule affranchit le verbe de cette mutation, pour la subir elle-même, comme on le verra par quelques-uns des exemples que nous allons donner.

WI.

111. La particule *wi* indique que l'on veut faire, qu'on a besoin de faire, ou que l'on est sur le point de faire ou de souffrir l'action qu'exprime le verbe devant lequel elle est placée :

---

* Quand il m'aime, *tournez :* quand je suis aimé de lui.

* Quand ils m'aiment, *tournez :* quand je suis aimé d'eux.

Ni wi ija Moniang, *je veux aller à Montréal ;* Ni wi kitiko, *je veux cultiver ;*
Wi anwenindiso, *il veut se repentir ;*
Ki wi kopesowin-na ?—Ni wi kopesowinin, *voulez-vous vous confesser ?—nous voulons nous confesser ;*
Ki wi wisin-na ? *veux-tu manger ?* *veux-tu, as-tu faim ?* *as-tu besoin de manger ?*
Gagwetotamawicinam nongom gaie wi nipoiing, *ora pro nobis nunc et in hora mortis nostrae ;*
Wa nipadjik, *ceux qui sont sur le point de mourir,* les moribonds ;
Wa oki-kominiwidjik, *ceux qui se préparent à leur première communion.*

PI

112. Quand notre verbe *venir* est suivi d'un autre verbe à l'infinitif, il se rend en algonquin par la particule *pi* :

Ni pi aiamia, ki pi aiamia, pi aiamie, *je viens prier, tu viens prier, il vient prier ;*
Pi aiamiakeg wabang kakina endatcieg, *venez prier demain tous tant que vous êtes ;*
Ki pi mawatisin, *je viens te faire visite ;* Ningi pi anamikago, *on est venu me saluer ;*
Pi wabamicikeg i nijieg onagocik, *venez me voir tous les deux ce soir ;*
Pa otisinang mino tatawan, *traitons bien celui qui vient chez nous ;*
Pa agwaiminang Jezos manadjihata, sakihata, manoiawamata, *adorons, aimons, remercions Jésus qui vient nous sauver.*

AWI.

113. La particule *awi* se traduit en français par le verbe *aller* :

Awi kapacimota, *allons nous baigner ;* Awi otaminota, *allons jouer ;*
Awi kikinoamagok, *allez (être instruits) à l'école ;*
Awi kopesowikeg ki ickwa aiatosang, *allez à confesse cet après-midi ;*
Nind awi aiamiamin, *nous allons prier ;*
Kai aiamiaegon, kawin gote anote ainabiikokon, *quand vous allez à l'église, ne regardez pas çà et là ;*
Kai kominiwidjik [illegible] ka pejikwenimawan awi nanzikawawaijin, *ceux qui vont communier [illegible] uniquement à Celui qu'ils vont aborder.*

NITA.

114. Cette particule placée devant un verbe indique qu'on sait faire l'action qu'exprime le verbe, qu'on est capable de la bien faire, qu'on la fait aisément, qu'on est même dans l'habitude de la faire :

Nita ojibiike, *il sait écrire ;* Nita nikamo, *il sait chanter ;*
Nita pimose, *il peut marcher ;* Nita anoki, *il est chasseur ;*
Nita kimoti, *il est voleur ;* Neta minikwedjik, *les buveurs, les ivrognes ;*
Gaganotamawatak neta patatidjik, *oremus pro peccatoribus.*

PWA.

115. *Pwa* se place devant un verbe pour indiquer que l'on ne peut pas faire l'action qu'exprime le verbe :

Acaie ni pwa pimose, *je ne puis plus marcher ;* Ni pwa nikam, *je ne puis pas chanter ;*
Ni pwa madjamin, *nous ne pouvons pas partir ;*
Pwa ijaieg nongom, wabang ki gat ijam, *si vous ne pouvez pas aller aujourd'hui, vous irez demain ;*
Pwaia kikoccinodjik, naningotinon gaie pwa pakitanadjikok, *ceux qui ne peuvent pas jeûner, sont aussi quelquefois hors d'état de faire maigre.*

MADJI.

116. Cette particule exprime l'idée de *commencement* :

Madji anamensike, *il commence la messe ;* Madji nikamomaniwan, *on commence à chanter ;*
Madji kikinoamatinaniwan, *on commence la classe, l'école, le catéchisme ;*
Ni madji ojibikenaban apite ka pindikode, *je commençais à écrire quand il est entré ;*
Maiadji minikweiég, ki gitimagenimininim, *ô vous qui commencez à boire, je vous plains ;*
Maiadji kikinoamawindjik, *ceux qui commencent à être instruits, (les jeunes enfants qui vont à l'école.)*

ANI.

117. La particule *ani* exprime que l'action du verbe est en train de se faire, qu'elle continue à se faire, qu'elle se fera désormais :

Ani onagosi, *il se fait tard ;* Nind ani kika, *je me fais vieux ;*
Ki gitimagis, uanage ki gat ani gitimagis awasamenj, *tu es malheureux, bientôt tu le seras encore davantage ;*
Kekona ani nibwakaieg ket ako pimatisiieg ! *puissiez-vous être toujours sages tant que vous vivrez !*
Mi monjak eni inatisite, *il continue toujours à se conduire ainsi ;*
Kui inatisiwate okoni oskinawek kekona ani inatisiieg ! *puissiez-vous continuer à vous conduire comme ces jeunes gens se conduisent !*

KODJ.

118. Cette particule exprime l'idée d'*effort, tentative, essai* :

Kodj ijak aiamie mikiwaming, *tâchez d'aller à l'église ;*
Kodj aiamian, *efforce-toi de prier ;*
Kodj ikwandaweta, *faisons effort pour monter ;*
Kodj mibinan kitci pa kizigan, *essaie de lever le canon ;*
Ni kodji minikwe, ni kodji wisin, *je m'efforce de boire, de manger ;*
Kwedjinikamongin iji nikamo, *il chante comme quelqu'un qui s'exerce à chanter ;*
Kwedji kikenindangik mino aiamiewin, kew apite o ka kikenindanawa, ani tabasenindizowate, *ceux qui cherchent à connaître la religion véritable, finiront par la connaître, s'ils sont humbles.*

GWINAWI.

119. Cette particule renferme l'idée d'*embarras, de perplexité* :

Ni gwinawi totam, *je ne sais comment faire ;* Ni gwinawi ikit, *je ne sais que dire ;*
Ni gwinawi inenindam, *je ne sais que penser ;*
Ni gwinawi mikawa, *je ne sais où je pourrai le trouver ;*
Ni gwinawi apiba, *je ne sais où le placer ;*
Gwanawi totawegwan aiakosidjik, nandawenimakeg nandokonini, *quand vous ne savez que faire aux malades, demandez le médecin ;*
Gwanawi wabamegwan nandokoninik, apaiwieninmakeg Kije Manito, *quand il vous est comme impossible de voir les médecins, ayez recours au grand Esprit.*

PON

120. Cette particule indique *cessation, interruption* :

Pon pimatisi, *il a cessé de vivre ;* Ki pon aninisi, *il a cessé de souffrir ;*
Pon akiwang, *quand il cessera d'y avoir terre, (à la fin du monde) ;*
Pon pakatik, nota pakatieg, *cessez de pêcher, ô pêcheurs ;*
Pwan kimiwangin, pwan notingin, *quand il cesse de pleuvoir, de venter ;*
Pwan nesengin towa, *il est comme quelqu'un dont la respiration est interrompue.*

ICKWA.

121. Le mot ICKWA placé devant un verbe signifie que l'action exprimée par ce verbe est terminée :

Iekwa anamoasiko,	*il a fini la messe ;*	Iekwa kakikwe,	*il a terminé le sermon ;*

Acaie nind iekwa ojiton ka anojiiân, *voilà que j'ai fini le travail que tu m'as donné ;*
Andapitc ket iekwa wisiniieg ? *quand est-ce que vous achèverez de manger ?*
Panima ki iekwa manadjitagaiwang ninga [illegible], *je ne m'en irai qu'après la fête ;*
Ekwa wisiniiegon, mamoiawamakeg Tebeningete. *à la fin des [illegible], remerciez le Seigneur.*

NICI.

122. Ce mot s'emploie toujours en mauvaise part ; il se met d'ordinaire devant les verbes-adjectifs qui expriment des *défauts*, des *qualités mauvaises*, et il en augmente la signification :

Nici kitimi,	*c'est un franc paresseux ;*	Nici kakipatisi,	*c'est une franche bête ;*
Nici kimoti,	*c'est un franc voleur ;*	Nici mamaiesaadisi,	*c'est un fripon fieffé ;*
Nici panikam,		*c'est un franc vaurien ;*	

Neci panikamgik gaie neci [illegible] aiamiewin ka nopite widjiwinken, *ne va nullement avec les débauchés ni avec les insulteurs de la religion.*

MAMANDA

123. Ce mot indique qu'on excelle à faire l'action exprimée par le verbe :

Mamanda kakikwe,—ojibiike,—nikamo,	*il excelle à p[illegible]her, à écrire, à chanter ;*
Mamanda ikito,	*il dit des [illegible] merveilleuses ;*
Mamanda gackito,	*il a une p[illegible] merveilleuse,* il fait des prodiges ;
Mamanda totamowin,	*action merve[illegible],* prodige, miracle ;
Memanda totangik,	*ceux qui opèrent des miracles,* les thaumaturges.

NANDA.

124. Ce mot se met devant un verbe pour signifier qu'on cherche à faire l'action qu'exprime le verbe :

Nanda wisin, i,	*chercher à manger ;*
Nanda nimawe,	*il cherche à parler la langue de notre nation ;*
Nanda wabam,	*cherche à le voir, cherche-le des yeux ;*
O nanda kikendan aiamiewin,	*il cherche à connaître la religion ;*
Nanda ooniami,	*il cherche à avoir de l'argent ;*
Nenda kikinoamawindjik,	*ceux qui cherchent à être instruits ;*
Nenda sikahamiazodjik,	*ceux qui cherchent à être baptisés,* les catéchumènes.

PWATAWI.

125. Ce mot est pour marquer qu'on tarde à faire l'action exprimée par le verbe :

Pwatawi iagoda,	*il tarde bien à arriver ;*
Pwatawi kape,	*il met bien du temps à débarquer ;*
Pwatawi kapatekwonasiwan,	*on tarde beaucoup à descendre la chaudière de la crémaillère ;*
Onzam ki pwatawi pindikem,	*vous tardez trop longtemps à entrer ;*
Ki ki pwatawi matwesika,	*tu as été lent à tirer, à faire feu ;*

Malanatak ki gat otisigonawa, kinawa pwaiatawi pindikeieg. *malheur vous arrivera à vous qui entrez tard.*

MATWE.

126. Cette particule sert à exprimer qu'on entend se faire l'action du verbe, ou que l'on apprend l'évènement énoncé par le verbe :

Matwe pisan,	*on entend pleuvoir ;*
Matwe kikandiwak,	*on les entend se disputer ;*
Matwe mawi,	*on l'entend pleurer ;*
Matwe akosi,	*on entend dire qu'il est malade ;*
Ki matwe nipo,	*on a entendu dire qu'il était mort ;*
Metwe pimadjik,	*ceux que l'on entend vivre.*

MANADJ.

127. Cette particule sert à exprimer qu'on se garde, qu'on prend garde de faire l'action du verbe :

Manadj pangicinin,	*prends garde de tomber ;*
Manadj pikoshim onagan,	*prends garde de casser le vase ;*
Manadj mindikwen,	*gardez-vous de faire ;*
Manadj aniatinik,	*gardez-vous bien de l'oublier ;*
Menadj pangicingin, ininiban,	*il marchait comme quelqu'un qui a peur de tomber.*

PITCI.

128. On emploie cette particule pour marquer que c'est par *méprise*, par *mégarde* que se fait l'action du verbe :

Pitci pindike,	*il entre où il ne voulait pas entrer, il se trompe de porte ;*
Pitci ikito,	*il emploie un mot pour un autre, il commet un lapsus linguæ ;*
Pitci posi,	*il s'embarque sans y faire attention dans le canot d'un autre ;*
Petci ikitodjik,	*ceux qui se trompent en parlant, qui font des quiproquos ;*
Petci wisiniwon kaigoimokijigakin,	*quand vous mangez par mégarde les jours de jeûne.*

PATA

129. Placé devant un verbe, ce mot exprime qu'on a tort de faire l'action du verbe :

Ki pata tatam,	*tu fais mal, tu as tort d'agir ainsi ;*
Ki pata ikit,	*tu as tort de parler ainsi ;*
Ki pata ganonak,	*tu as tort de leur parler ;*
Ki pata mikatim,	*vous avez tort de vous battre ;*
Paiata mikatidjik sowa gaie win,	*lui aussi, il est un de ceux qui ont tort de se battre.*

WANI.

130. On se sert de ce mot pour exprimer qu'on commet une erreur en faisant l'action du verbe :

Wani tipaige,	*il se trompe en mesurant ;*
Wani tipapadjige,	*il se trompe en pesant ;*
Wani tipakonike,	*il se trompe en jugeant ;*
Tasin wani tipakonikewadjin tipakonikewininiwak,	*toutes les fois que les juges se trompent en jugeant.*

CHAPITRE XV. — LA PRÉPOSITION.

131. Les prépositions algonquines sont de plusieurs sortes :

a). Les unes précèdent le nom qui leur sert de régime, ce sont les prépositions proprement dites, telles sont les suivantes :

Nanawj nongom,	*jusqu'à présent ;*	Tcik tcipaiatik,	*près de la croix ;*
Nanawj wakwing,	*jusqu'au ciel ;*	Wakitc masinaigan,	*sur le livre ;*
Pindc aiamie-wikiwam,	*dans l'église ;*	Megwe anicinabek,	*parmi les hommes ;*
Anam wisiniwagan,	*sous la table ;*	Naw kitikan,	*au milieu du champ.*

b). Il est des prépositions improprement dites qui ne se mettent qu'après le nom :

Wakwing inakak,	*vers le ciel ;*	Nin ondji,	*à cause de moi ;*
Kiwetinong inakak,	*du côté du nord ;*	Anamiewin ondji,	*pour la religion ;*
Niso kizis inikik,	*pendant trois mois.*		

c). Plusieurs prépositions s'unissent aux noms qu'elles précèdent :

Tcikikana,	*sur le bord du chemin ;*	Pinteina,	*dans le corps ;*
Wakitcietikwan	*sur la tête ;*	Anamonak,	*sous le canot ;*
Nawakwa,	*au milieu du bois ;*	Mitabik,	*sur la pierre.*

d). Un certain nombre de prépositions sont *inséparables* et s'unissent à des verbes qui parfois ne pourraient subsister sans elles ; les voici : A—, iko—, nis—, am—, abam—, exemples :

Otenang apato,	*il accourt au village ;*
Nind apatwen ki iaw,	*j'ai recours à toi ;*
Ispiming ikwandawela,	*montons à l'étage supérieur ;*
Nisandaweta,	*descendons ;*
Amadjiwe,	*il gravit la montagne ;*
Nisadjiwe,	*il descend de la montagne ;*
Abamise pinesi ondjie,	*l'oiseau voltige autour ;*
Abanabik,	*regardez derrière vous.*

e). Quelques prépositions françaises se rendent le plus souvent en algonquin par le locatif, comme on a déjà vu. Il semble à propos de citer encore à ce sujet quelques exemples :

Nipiing,	*dans l'eau ;*	Aking,	*sur la terre ;*
Ickoteng,	*dans le feu ;*	Mackimotang,	*dans le sac ;*
Mikiwaming,	*dans la maison ;*	Akikong,	*dans la chaudière ;*
Kitikaning nind ija,	*je vais au champ ;*		
O kitikaniwang ijiwak,	*ils vont à leurs champs ;*		
Ni kitikaning nind ondjipa,	*je viens de mon champ ;*		
O kitikaniwang ondjipik,	*ils viennent de leurs champs.*		

f). Il y a diverses manières de rendre les prépositions françaises qui manquent en algonquin :

Ti widjiwicin,	*viens avec moi ;*
Kije Manito ki mamawitim,	*Dominus tecum ;*
O witopaman,	*il mange avec lui ;*
O ekisan o ki wiiikemakanen,	*il habitait avec son beau-père.*

Voilà des exemples pour la préposition *avec* ; nous verrons ailleurs comment on peut rendre en algonquin les prépositions *sans, contre, selon, devant, sauf,* et quelques autres.

g). Certaines prépositions font l'office d'adverbes et même de conjonctions :

Abita tabikak ako,	*depuis minuit ;*
Eko pimatisiian,	*depuis que je vis ;*
Ka ako aodjimoiian,	*depuis que j'ai été guéri ;*
Kei ako pimatisiian,	*tant que je vivrai ;*
Wekonen ondji ?	*pourquoi ? Cur ? quare ?*
Awenen ondji ?	*pour qui ?*
Mi wendji naoezikonan,	*voilà pourquoi je viens te trouver ;*
Aiam awin ko ondji nanindjik,	*ceux qui ont été mis à mort pour la foi ;*
Oom masinaigans Moniang ondjipamagat,	*cette lettre vient de Montréal.*

CHAPITRE XVI. L'ADVERBE.

132. La liste des adverbes algonquins est assez longue ; ils se trouvent dans le Dictionnaire selon l'ordre alphabétique. Ici nous les partagerons en différentes classes d'après leur signification.

On remarquera aisément que quelques-uns d'entre eux sont dérivés et d'autres composés

a). ADVERBES DE TEMPS.

Wibate,	*de bonne heure ;*	Kaiat,	*autrefois ;*
Nongom,	*maintenant ;*	Soniain,	*récemment ;*
Kakik,	*toujours ;*	Naningim,	*souvent ;*
Naningotinon,	*quelquefois ;*	Wikat,	*tard ;*
Ningotin,	*une fois ;*	Kawikat,	*jamais ;*
Pinawigo,	*il y a longtemps ;*	Wawikat,	*rarement ;*
Nongom omagijigak,	*aujourd'hui ;*	Awasonago,	*avant-hier ;*
Tchinago,	*hier ;*	Wabang,	*demain ;*
Awaswabang,	*après-demain ;*	Kijate,	*d'avance ;*
Kitci awaswabang,	*dans trois jours ;*	Pinama,	*avant tout ;*
Jeba,	*ce matin ;*	Monjak,	*continuellement ;*
Wabang kigijeb,	*demain matin ;*	Paniima,	*rien qu'après ;*
Tibikong,	*la nuit dernière ;*	Awas-tibikong,	*l'avant-dernière nuit ;*
Wanagosik,	*le soir.*		

b). ADVERBES DE LIEU.

Pindikamik,	*dans la maison ;*	Awete,	*là-bas ;*
Pindik,	*dedans ;*	Oudas,	*en deçà ;*
Pinde aii,	*en dedans ;*	Awas	*au delà ;*
Agwatcing,	*dehors ;*	Akaming,	*au bord de l'eau ;*
Agwatcaii,	*en dehors ;*	Akâming,	*à la rive opposée ;*
Peside,	*près, tout près ;*	Ondas inakak,	*de ce côté-ci ;*
Wasa,	*loin, au loin ;*	Awas inakak,	*de l'autre côté ;*
Ondaje,	*ici ;*	Tcikaii,	*proche, à côté ;*
Indaje,	*là ;*	Nawite,	*au large ;*
Mamamin,	*par ci, par là.*		

c). ADVERBES DE QUANTITÉ.

Ouzam,	*trop ;*	Asakam,	*combien, à que de...*
Nibiwa,	*beaucoup ;*	Mi minik,	*assez ;*
Pangi,	*peu ;*	Inikik,	*autant ;*
Pangitcje,	*très peu ;*	Aindasin,	*plusieurs fois ;*
Memangidja,	*tout soit peu ;*	Ka napâtc,	*pas du tout.*

d). ADVERBES DE QUALITÉ.

Wewenint,	*bien ;*	Wewenint ejitcic,	*tout comme il faut ;*
Wewenint kijidjikaie,	*c'est bien fait ;*	Gwaiak,	*bien, exactement ;*
Gwaiakoma,	*il parle correctement ;*	Gwaiakose,	*il marche droit ;*
Mi gwaiak		*c'est bien, c'est juste, c'est exact ;*	
Mino,	*bien ;*	Mino pimatisi,	*il va bien, il se porte bien ;*
Matci,	*mal ;*	Matci iji bimatisiwin,	*on se conduit mal ;*
Kitci,	*très ;*	Kitci akosi,	*il est très malade ;*

Kitci sakibigosi,	*il est fort aimable ;*	Mamanj	*négligemment ;*
Mamanj o ki ojiton,		*il l'a fait sans soin, sans application ;*	
Tebinak,		*par manière d'acquit, imparfaitement ;*	
Tebinak ningi wisin,		*je n'ai pris qu'une bouchée, j'ai mangé très-peu de chose.*	

e). ADVERBES DE MANIÈRE.

Waki,	*doucement ;*	**Mockoi,**	*en échange ;*
Pekate,	*tranquillement ;*	Aiackot,	*alternativement ;*
Onawens,	*à peine ;*	Mamawi,	*ensemble ;*
Kaiasikate,	*subitement ;*	**Pikinong,**	*différemment ;*
Kekat,	*presque ;*	**Kaketin,**	*avec force ;*
Ceckwat,	*inutilement ;*	**Tabiskote,**	*également ;*
Memindange,	*surtout ;*	Wewib,	*vite ;*
Apitci,	*extrêmement ;*	Nakawe,	*en passant ;*
Anica,	*sans raison ;*	**Eta,**	*seulement ;*
Awendic,	*malgré tout ;*	Napate,	*de travers ;*
Kimote,	*en secret ;*	Tec,	*sur-le-champ ;*
Micie,	*ouvertement ;*	Keiabate,	*encore.*

f). ADVERBES DE COMPARAISON.

Awacamenj,	*davantage ;*	Kanake,	*au moins ;*
Kinawe,	*plus ;*	Ka kanake,	*pas même ;*
Nond,	*moins ;*	**Ininik,**	*au point de ;*
Apite...epite,	*autant...que ;*	Taso, tasin,	*tant ;*
Iji...eji,	*aussi...que ;*	Taiagwate,	*au contraire.*

g). ADVERBES DE DIRECTION.

Tibickote,	*vis-à-vis ;*	Ajok,	*de l'un à l'autre ;*
Iepiming,	*en haut ;*	**Ajikite,**	*à la renverse ;*
Tabasic,	*en bas ;*	Opimeaii,	*sur le flanc ;*
Nikan,	*devant ;*	Aseite,	*de côté, à l'écart ;*
Iekwenkiang,	*derrière ;*	Eita,	*des deux côtés.*

h). ADVERBES DE DOUTE.

Koni,	*peut-être ;*	Endokwen,	*je ne sais ;*
Konima,	*peut-être bien ;*	Kwaiakwendendagwate,	*apparemment ;*
Namandj,	*qui sait ?*	Pakwac,	*probablement.*
Namandjitok,	*qui pourrait le savoir ?*		

i). ADVERBES D'INTERROGATION.

Keina,	*est-ce que ?*	Anin,	*comment ?*
Kana,	*n'est-ce pas que ?*	Anindapite,	*quand ?*
Andi,	*où ?*	Anin tasin,	*combien de fois ?*
Andiiiong,	*dans quel endroit du corps ?*		

j). ADVERBES DE NÉGATION.

Ka, Kawin,	*non ;*	Ka ondjita,	*non certes ;*
Ka ma win,	*oh non ;*	Kawin awete,	*guère ;*
Kawin moci,	*pas encore ;*	Ka nindotiji,	*nulle part ;*
Eka,	*ne...pas ;*	Kawin isa,	*non, oh non !*

k). ADVERBES D'AFFIRMATION.

Enh,	*oui ;*	**Keget,**	*véritablement ;*
Oh,	*oui ;*	Anawi,	*à la vérité ;*
Angeoa,	*assurément ;*	Ondjita,	*tout de bon.*

l). ADVERBES D'INDICATION.

Mi,	*voici, voilà ;*	Ondi,	*ici ;*
Na,	*tiens, prends ;*	Indi,	*là ;*
Nawa,	*vois, regarde ;*	Awas indi,	*plus loin.*

CHAPITRE XVII. LA CONJONCTION.

133 Il y a différentes sortes de conjonctions ; voici les noms qu'on peut leur donner :

Copulatives : Gaie, *et, aussi ;* Acite, *et ;*
Disjonctives : Koni, *ou ;* Konima, *ou bien ;*
Suppositives : Kicpin, *si ;* Ajimakewin, *puisque ;*
Concessives : Ijanasi, *quoique ;* Misawate, *quand même ;*
Causatives : Ma, *car ;* Kitci, *afin que ;*
Temporelles : Apita, *lorsque ;* Megwate, *pendant que ;* Bwa, *avant que ;* Iekwa, *après que ;*
Adversatives : Dae, *mais ;* Enowek, *cependant ;*
Optatives : Kekona, Ape, *utinam ;*
Positives : I, iji, *en tant que ;*
Négatives : Ka gaie, *ni ;* Ka dae, *et ne...pas ;* Ka masi, *pas encore ;*
Explétives : Nah, Sa, Gote, Win, etc.

GAIE, ACITE.

a). Ces deux copulatives ont des emplois différents. On ne se sert guère d'*acite* que pour unir ensemble les noms de nombre :

Nietana acite pejik,	*vingt et un.*

"Gaie" est employé partout ailleurs que dans les noms de nombre :

N'os gaie ninga,	*mon père et ma mère ;*
Nin gaie nind anis,	*moi et ma fille ;*
Ni sakihigok gaie ni minototagok,	*ils m'aiment et ils me font du bien.*

Dans le sens d'*aussi*, "gaie" se met indifféremment avant ou après le mot :

Gaie nin,	*moi aussi ;*	Kin gaie,	*toi aussi ;*
Win gaie Jak,	*lui aussi Jacques ;*	Gaie win Jak,	*Jacques, lui aussi ;*
On encore "Jak gaie win,"		*Jacques, aussi lui.*	

KONI, KONIMA.

b). Ces deux mots peuvent s'employer dans le sens de notre conjonction *ou :*

Awenen enijiwate, Pien konima Pal ?	*Lequel des deux, Pierre ou bien Paul ?*

On ajoute, si l'on veut, la conjonction *gaie*

K'os koni gaie ki ga,	*ton père ou ta mère ;*	Piien koni gaie Jani,	*Pierre ou Jean ;*
Kinawa, koni mi gaie Pol gaie Jak,		*vous autres, ou bien Paul et Jacques.*	

KICPIN, AJIMAKEWIN.

c). La première de ces conjonctions gouverne le subjonctif :

Kicpin mino kijigak, waban nmadja,	*s'il fait beau, je partirai demain ;*
Kicpin ayate endate, ningat awi mawatisa,	*s'il est chez lui, j'irai lui faire une visite ;*
Kicpin nakickawate ki tawis, mulas kit igo, ki gat ina,	*si tu rencontres ton cousin, tu lui diras qu'on le demande*

L'emploi de cette conjonction est tout-à-fait facultatif et on peut à son gré l'omettre ou s'en servir. Ainsi que l'on retranche le *kicpin* des exemples qui précèdent, le sens de la phrase restera absolument le même.

Ajimakewin a commencé à tomber en désuétude; quelques-uns lui substituent le mot *mega*.

L'un et l'autre se mettent devant un verbe à l'indicatif :

Otapin opwagan, ajimakosin ki minin, *prends le calumet, puisque je te le donne ;*
Otapinan wakakwat, kin mega ki tibendan, *prends la hache, puisqu'elle t'appartient.*

IJANAWI, MISAWATC.

d). Ces deux conjonctions gouvernent également le subjonctif :

Ijanawi kikolân, enowek ni gackito kitci kigéeimoiân, *quoique je sois vieux, je suis encore capable de jeûner ;*
Ijanawi aiekosite, enowek anlamita, *quoiqu'il soit fatigué, il ne laisse pas de travailler ;*
Misawatc wi nisigoianiân, ka nananj nind webinausin aiamiewin, *quand même on voudrait me tuer, n'importe, je n'abandonnerais pas la prière ;*
Misawatc win tibinawe ketakitote, ketatatc ot ani cawenimâ kwetakitenidji, *tout pauvre qu'il est lui-même, il continue à assister les pauvres.*

MA, KITCI.

e). *Ma* se met toujours après un mot, comme *enim* en latin :

Acaie ma aiamia, *ces enim orat ;* Win ma ki ikito, *car c'est lui qui l'a dit ;*
Witokawiem, apitci ma ni pwanawito, *aide-moi, car je n'en puis plus.*

Kitci que l'on abrège quelquefois en *tci*, se met toujours devant le subjonctif, c'est le *ut* des Latins.

Misawenindanda wakwing kitci ottamaing, *désirons de parvenir au ciel ;*
Ganawetamawatak, ciamiagek kitci kikenindamowate aiamiewin, *prions pour les infidèles, afin qu'ils connaissent la religion ;*
Cawenimatak kwetakitodjik, kitci cawenimiwang Kije Manito, *ayons pitié des pauvres, afin que Dieu ait pitié de nous ;*
Aiakosidjik, gwekenimatagik gaie mawatisatak kitci kakeamatewa, *visitons les malades et les affligés, afin de les consoler.*

APITC, MEGWATC, BWA, ICKWA.

f). Toutes ces conjonctions gouvernent, soit le subjonctif, soit l'éventuel, sauf *megwatc*, qui ne se met que devant les temps simples du subjonctif marqués de l'augment :

Apitc ka wabamak, ketcine ningi nisitawinawa, *quand je l'ai vu, aussitôt je l'ai reconnu ;*
Apitc ke nipediang, ki ga nagatanenan kakina kekon endaniiiang, *lorsque nous mourrons, nous laisserons tout ce que nous possédons ;*
Apitc wekickotatiiangin, nind anamikodatinin ako, *quand il nous arrive de nous rencontrer sur la route, nous nous entre-saluons ;*
Megwatc eiiabotcenjiiwiiânbân, abinotcenjiiwang nind inatisinaban, *pendant que j'étais petit enfant, je me conduisais comme un petit enfant ;*
Megwatc pemaatising ondaje akking, wikwadjitota kitci gackitamatising wakwing daje minawatisiwin, *pendant que nous vivons ici sur la terre, efforçons-nous de gagner le bonheur du ciel ;*
Bwa kikinomauinaniwang, *avant qu'on donne et reçoive l'instruction, c'est-à-dire avant la classe, avant le catéchisme ;*
Bwa manadjitaganiwang, *avant qu'il soit fête, avant dimanche ;*
Ickwa manadjitaganiwang, *après que la fête soit finie, après dimanche.*

g). DAC, ENOWEK.

Pakitehwin manoke, pizindawiien dac, *frappe-moi, peu importe, mais écoute-moi ;*
Apitci ni minwenimawa, win dac apitci ni manenimik, *je le traite parfaitement bien, mais lui, il n'a pour moi que du mépris ;*

Ni manendimigok anawi, enowek ni sakiiak, ga'e ni gwinawiinaawak kitci kikenimiwate eji sakihagwa, *ils me méprisent à la vérité, néanmoins je les aime et je ne sais que leur faire pour qu'ils me connaissent comme je les aime ;*

Misawate ajaki maki kijigak, enowek ni wi pos, *bien qu'il fasse très mauvais temps, malgré cela je veux m'embarquer.*

h). KEKONA, APE.

Kekona kitcitwawinimte Kijo Manito, *Dieu soit loué ! Dieu soit béni !*

Kekona mino aiamiaieg, kakina endateiieg ! *Puissiez-vous être de bons priants, tous tant que vous êtes !*

Ape kinwenj pimatisite ki kitcitwa Kosinan Meiamiaiawiganawaiite ! *Puisse-t-il vivre longtemps notre Saint-Père le Pape !*

I, IJ.

i), On met *i* devant une consonne et *ij* devant une voyelle :

I Kije Manitowite misiwimi te Jezos, ij anicinabewite wakwing te gaie Okaristiwining, *en tant que Dieu, Jésus est partout, en tant qu'homme, il est au ciel et dans l'eucharistie ;*

Mani, Jesus o kin, wakwing aiagi ij otcitowawite gaie ij owiiawite, *Marie, mère de Jésus est au ciel en corps et en âme ;*

Jezos ij otehiian, cawenimicinam, *Cœur de Jésus, ayez pitié de nous ;*

Mani ij otehiian, nanandamawicinam, *Cœur de Marie, priez pour nous.*

j). KA GAIE, KA DAC, KA MACI.

Kawin ni wi minigosi, ka gaie ni wi awihisi, *on ne veut pas me le donner, ni on ne veut me le prêter ;*

Ningi kakwedjima, ka dac ningi nakwetagosi, *je l'ai interrogé, et il ne m'a pas répondu ;*

Ka maci takocinsi, *il n'est pas encore arrivé.*

NAH, SA, GOTE, WIN, &c.

k). Ces particules qu'on trouvera expliquées dans le Dictionnaire, ne sont le plus souvent qu'*explétives* et pourraient se supprimer sans nuire à la clarté du discours ; employées avec réserve et discrétion, elles lui donnent de l'énergie et de l'agrément. Par malheur, l'abus qu'en font quelques-uns, rend leur conversation insipide et ennuyeuse.

Ces particules sont en outre, presque toujours, *enclitiques*. Précédées d'un mot terminé par une consonne, *nah, sa* et *gote* prennent un *i* initial : Nin inah, kin isa, win igote.

Il en est de même des conjonctions *na* et *dac*, et de l'adverbe interrogatif *na*.

Kinina ? *est-ce toi ?*

Kin idac, pojikwamoni apin, *mais toi, reste tranquille ;*

Winina ningi mina masinaigan, *car c'est à lui que j'ai donné le livre.*

CHAPITRE XVIII. L'INTERJECTION.

131. Les hommes expriment leur étonnement par MAKWII, les femmes par NIII ; les uns et les autres par WAH ! WEH !

L'interjection de douleur est AHO, *aôh* ;

Pour exprimer le dégoût, l'horreur, le mépris, on se sert de ACI, ISAH, ISALAG, SEH !

Les adverbes *mate*, *atelte* s'emploient comme interjections pour exprimer la répulsion : *mawine* *procul, apage* ; atelte, *gare ! range-toi, mets-toi de côté*.

Pour exhorter on dit : HAW, HAW ISA, TAKA ;

Pour se faire répéter ce qu'on n'a pas entendu : WAH. Les personnes polies n'emploient que rarement ce *wah* qui est l'équivalent de notre *hein* français ; elles le remplacent par ANIN ?

Pour supplier, conjurer : ENAHOIS ;

Pour remercier : MIGWETC ;

Pour avertir d'un danger : ET ;
Pour exprimer qu'on vient d'entendre du bruit : MAH ;
Pour imposer silence : CEH, CIT ;
Pour exciter, demander l'attention : ANGWAM, aiangwam ;
Quand on se brûle : ATCO ;
En secouant quelque chose de froid : ISI ;
Pour appeler quelqu'un : EH, IET ;
Au commencement d'un discours à la tribune : ANDJOKWE ;
Pour arrêter, pour faire attendre : KECK ;
Pour offrir : NAH, nenh ;
Pour montrer : NAWA ;
Pour exprimer son consentement, son approbation : OH ;
La colère, l'indignation, l'impatience se traduisent par différents termes : ACIWEKWEN, tajinadji, madjikamik, &c.
HAH est le cri de douleur dans les chants funèbres ;
HEH, sorte de refrain des chansons guerrières.
Nous parlerons dans un chapitre à part, de quelques autres interjections qui sont propres au langage des enfants.

CHAPITRE XIX. NOMS DE NOMBRE.

135. Ce sont les doigts de la main qui ont servi de base à la science du calcul chez les diverses tribus de la nation algonquine.

Dans la langue de ces peuples, les cinq premiers nombres seuls sont des mots simples, des mots primitifs, de véritables racines, les voici :

PEJIK, NIJ, NISWI, NEW, NANAN.

On verra ci-après que l'on emploie souvent le mot NINGO à la place de PEJIK, et c'est de NINGO que l'on se sert de préférence pour les noms de mesure.

Pejik inini,	*un homme ;*	Nij ininiwak,	*deux hommes ;*
Niswi natowek,	*trois Iroquois ;*	New nadowewak,	*quatre Iroquois ;*
Nanan aganecak,	*cinq Anglais.*		

136. Les noms de mesure ne prennent pas la marque du pluriel ; mais il se produit d'ordinaire dans les noms de nombre qui les précèdent, divers changements que feront voir les exemples suivants :

Ningo pipon,	*un an ;*	Nijo pipon,	*deux ans ;*
Ningot anzibite,	*une gerbe ;*	Nij anzipite,	*deux gerbes ;*
Ningoto wan,	*un minot ;*	Niso wan,	*trois minots ;*
Neo kan,	*quatre [illegible] ;*	Neo nik,	*quatre brasses ;*
Nano sit,	*cinq pieds ;*	Nano nindj,	*cinq jours.*

137. Pour 6, 7, 8, 9 et 10, on dit :

Ningotwaswi, nijwaswi, niswaswi, cangaswi, mitaswi.

Ningotwaswi wagocak,	*six renards ;*	Nijwaswi maiinganak,	*sept loups ;*
Niswaswi makwak,	*huit ours ;*	Cangaswi monzok,	*neuf orignaux ;*
Mitaswi amikwak,	*dix castors.*		

La finale *swi* se change en *so*, devant un nom de mesure :

Ningotwaso kon,	*six jours ;*	Nijwaso kizis,	*sept mois ;*
Nicwaso manadjitagan,	*huit semaines ;*	Cangaso sak pimite,	*neuf tonneaux d'huile ;*
Mitaso wan nibiminens	*dix [illegible] de lit.*		

138. A partir de 10 jusqu'à 20, on dit :

Mitaswi acite pejik,	*onze ;*	Mitaswi acite nij,	*douze ;*
Mitaswi acite niswi,	*treize ;*	Mitaswi acite new,	*quatorze ;*
Mitaswi acite nanan,	*quinze ;*	Mitaswi acite ningotwaswi,	*seize ;*
Mitaswi acite nijwaswi,	*dix-sept ;*	Mitaswi acite nicwaswi,	*dix-huit ;*
Mitaswi acite cangaswi,	*dix-neuf.*		

On supprime, si l'on veut, "mitaswi," et il suffit de dire "acite pejik, acite nij, &c.

Si ces nombres sont accompagnés d'un nom, on peut également supprimer le *mitaswi* :

Acite pejik cimaganicak,	11 *soldats ;*
Acite nij pepejikokackwek,	12 *chevaux.*

Ou bien, en l'exprimant, l'accompagner du nom :

Mitaswi cimaganicak acite pejik ;	Mitaswi pepejikokackwek acite nij.

On ne mettre le nom qu'après l'unité :

Mitaswi acite pejik cimaganicak ;	Mitaswi acite nij pepejikokackwek.

Il en est de même pour les noms de mesure, et l'on peut dire indifféremment :

Mitaso pipon acite niswi,
Mitaswi acite niso pipon, } *treize ans.*
Acite niso pipon.

139. Le nombre *vingt* se rend par *nictana*, contraction de nij mitana, 2 *dizaines*.

Depuis 20 jusqu'à 100 inclusivement, on continue à se servir du mot *mitana* dont la désinence ne varie pas comme celle des 10 premiers nombres. Seulement quand il est question d'un nom de mesure, il faut avoir soin d'intercaler le mot *taso* :

Nictana akikok,	20 *chaudières ;*	Nictana taso kon,	20 *jours ;*
Niso mitana anwin,	30 *flèches ;*	Niso mitana taso wan,	30 *minots ;*
Nimitana akwin,	40 *oiseaux ;*	Nimitana taso sak,	40 *tonneaux ;*
Nanu mitana pinewak,	50 *perdrix ;*	Nanu mitana taso pipon,	50 *ans ;*
Ningotwaso mitana mikwanik,	60 *plumes ;*	Ningotwaso mitana taso nik,	60 *brasses ;*
Nijwaso mitana paskiziganan,	70 *fusils ;*	Nijwaso mitana taso tipaigan,	70 *lieues ;*
Nicwaso mitana wiikwan,	80 *canots ;*	Nicwaso mitana taso tipapadjigan,	80 *livres ;*
Cangaso mitana opwaganak,	90 *pipes ;*	Cangaso mitana taso iskwan,	90 *coudées ;*
Mitaso mitana mazinaiganan,	100 *volumes ;*	Mitaso mitana taso sit,	100 *pieds.*

140. Avant de continuer la liste des noms de nombre ou nombres cardinaux, il est nécessaire de faire connaître les adverbes qui en dérivent :

Ningotin,	*une fois ;*	Ningotwasin,	*six fois ;*
Nijin,	*deux fois ;*	Nijwasin,	*sept fois ;*
Nisin,	*trois fois ;*	Nicwasin,	*huit fois ;*
Newin,	*quatre fois ;*	Cangasin,	*neuf fois ;*
Nanin,	*cinq fois ;*	Mitasin,	*dix fois.*

Après 10 jusqu'à 20, on dit :

Mitasin acite ningotin,	11 *fois ;*	Mitasin acite nijin,	12 *fois ;*

et ainsi de suite.

On pourrait aussi supprimer *mitasin* et dire simplement :

Aeite ningotin, aeite nijin, aeite nisin, &c.

Après *nietana* et les autres noms de dizaine, on met TASIN pour former l'adverbe, et, s'il y a ensuite des unités, elles prennent la marque adverbiale *in* :

Nietana tasin,	20 *fois* ;	Nijwaso mitana tasin,	70 *fois* ;
Niso mitana tasin,	30 *fois* ;	Niswaso mitana tasin,	80 *fois* ;
Nimitana tasin,	40 *fois* ;	Cangaso mitana tasin,	90 *fois* ;
Nano mitana tasin,	50 *fois* ;	Mitaso mitana tasin,	100 *fois*.
Ningotwaso mitana tasin,	60 *fois* ;		

Mitaso mitana tasin aeite ningotin, aeite nijin, aeite nisin, aeite newin, &c.
161 *fois* ; 162 *fois* ; 163 *fois* ; 164 *fois*, &c.

141. C'est à l'aide des adverbes de nombre que nous allons continuer la liste des centaines :

Nijin mitaso mitana, 200 ;	Nijin mitaso mitana tasin, 200 *fois* ;
Nisin mitaso mitana, 300 ;	Nisin mitaso mitana tasin, 300 *fois* ;
Newin mitaso mitana, 400 ;	Newin mitaso mitana tasin, 400 *fois*

ainsi de suite jusqu'à 1000 qui se rend par :

Kitci mitaso mitana, *la grande centaine*, la grande dizaine de dizaines.

Ningotin kitci mitaso mitana,	*un millier* ;
Nijin kitci mitaso mitana,	2,000 ;
Mitasin kitci mitaso mitana,	10 *fois* 1,000, *c'est-à-dire* 10,000 ;
Nietana tasin kitci mitaso mitana,	20,000 ;

et ainsi de suite.

142. ABIK se joint aux noms de nombre quand il s'agit de choses qui appartiennent au règne minéral :

Pejikwabik somanike,	*un sou* ;	Pejikwabik conia,	*un dollar* ;
Nijwabik ozawiconia,		*deux pièces d'or*, deux louis ;	
Niswabik apsiwanan,		*trois clefs* ;	
Mitaswabik pawabikisigan,		*dix poêles* ;	
Niswaswabik anzamiwaganabik,		*huit encensoirs de cuivre* ;	
Nietana taswabik waswakomenindamaganabik,		*vingt chandeliers de métal*.	

143. ATIK se joint aux noms de nombre quand il s'agit de choses qui appartiennent au règne végétal et qui ont une forme allongée :

Pejikwatik napakisak,	*une planche* ;	Pejikwatik mishomenс,	*un épi de blé* ;
Nijwatik napakisakonsak,	*deux planchettes* ;	Niswatik abwin,	*trois avirons* ;
Niswatik sakahonan,	*trois cannes* ;	Newatik cingopik,	*quatre sapins* ;
Nanwatik cingwakok,	*cinq pins* ;	Ningotwaswatik misan,	*six bûches* ;
Nijwaswatik waswakomenindamaganatikonsak,		*7 petits chandeliers en bois*.	

Par analogie, on s'en sert en parlant de certains objets de forme oblongue :

Niswaswatik waswakomenindamaganan,	*huit chandeliers* ;
Mitaswatik sinzipakwatonsan,	*dix bâtons de sucre d'érable* ;
Nisomitana taswatik ani-spimiton	*trente bâtons de cire*.

144. MINAK se joint aux noms de nombre quand il s'agit de fruits, grains, graines, et même par analogie, de quelques objets en forme de boule :

Pejikominak odehimin,	*une fraise* ;	Nijominak wabiminak,	*deux pommes* ;
Nisominak patakan,	*trois pommes de terre* ;	Neominak okwisimanan,	*quatre citrouilles* ;

Nanonminak anitciminan, *cinq pois chiches ;*
Ningotwasominak mandaminak, *six grains de maïs ;*
Nijwasominak ominiwasinin, *sept petits grains de plomb ;*
Niswasominak nonzwasinin, *huit balles de plomb.*

145. Ek se joint aux noms de nombre quand il s'agit de vêtements, de linge, de pièces d'étoffe :

Pejikwek masko, *un mouchoir ;*
Nicitana taswek masinen, *20 mouchoirs ;*
Nijwek wabiswaiyan, *deux couvertes de laine ;*
Nimitana taswek pipakiwayanan, *40 chemises ;*
Cangaswek kapotowaianan, *neuf capots ;*
Mitaswek anakapotiganan, *dix pantalons ;*
Mitaso mitana taswek manitowegin. *100 pièces de drap.*

146. Des nombres cardinaux se forment plusieurs sortes de verbes qu'il faut faire connaître avant de passer à l'étude des nombres ordinaux.

a). VERBES DE NOMBRE À SUJET ANIMÉ.

Ni pejik, ki pejik, pejiko, *je suis, tu es, il est seul, unique, il n'y en a pas d'autre ;*
Pejikowa Kije Manito, *il n'y a qu'un Dieu ;*
Kije Manito o kwisisan i pejikonite, *le fils unique de Dieu.*

Ni nijimin,	*nous sommes deux ;*	Ni nisinanaban,	*nous étions trois ;*
Ki nijim,	*vous êtes deux ;*	Ki nisinawaban,	*vous étiez trois ;*
Nijiwak,	*ils sont deux.*	Nisibanek,	*ils étaient trois.*
Ninawint i newiiang, Kinawint i newiiang,		*nous qui sommes quatre ;*	
Kinawa i newiieg,	*vous qui êtes quatre ;*	Winawa i newiwate,	*eux qui sont quatre.*
Ninawint i nananiiangoban, Kinawint i nananiiangoban,		*nous qui étions cinq ;*	
Kinawa i nananiiegoban,		*vous qui étiez cinq ;*	
Winawa i nananiwapan,		*eux qui étaient cinq ;*	
Ni ningotwatcimin,	*nous sommes six ;*	Pejik i ningotwatciiang,	*un de nous six ;*
Ningotwatcidjik,	*les six.*		
Ki nijwatcim,	*vous êtes sept ;*	Nij i nijwatcieg,	*deux de vous sept ;*
Najwatcilegoban,	*vous qui étiez sept.*		
Niswatciwak,	*ils sont huit ;*	Niswatcibanek,	*ils étaient huit ;*
Neswatcipanek,	*eux qui étaient huit.*		
Cangatciiang, Cangatciiang,		*nous qui sommes neuf ;*	
Cangatcieg,	*vous qui êtes neuf ;*	Cangatciwate,	*eux qui sont neuf ;*
Ni mitatcimin,	*nous sommes dix ;*	Ki mitatcim acite pejik,	*vous êtes onze ;*
Mitatciwak acite nij,	*ils sont douze.*		
Ki nicitanawemin,		*nous sommes vingt ;*	
Ki nicitanawem acite nisui,		*vous êtes vingt-trois ;*	
Nicitanawek acite new,		*ils sont vingt-quatre.*	
Niso mitanawek,	*ils sont trente ;*	Nimitanawek,	*ils sont quarante ;*
Nanomitanawek,	*ils sont cinquante.*		

Nisin mitaso mitanawegwaban acite mitaswi acite niswaswi, *ils étaient trois cent dix-huit.*

b). VERBES DE NOMBRE À SUJET INANIMÉ.

Pejikwan,	*il y a une chose ;*	Pejikwan eta,	*il y en a une seulement ;*
Nijinon,		*elles sont deux, il y en a deux ;*	
Nisinon,	*elles sont trois ;*	Newinon,	*elles sont quatre ;*

Nananinon,	*elles sont cinq ;*	Ningotwatcinon,	*elles sont six ;*
Nijwatcinon,	*elles sont sept ;*	Niswatcinon,	*elles sont huit ;*
Cangatcinon,	*elles sont neuf ;*	Mitatcinon aeite pejik,	*il y en a onze.*

c). IAK joint aux noms de nombre sert à exprimer l'idée d'*espèce*, EWAN exprime l'idée de *bande*, de *groupe*, ONJAN, celle de *famille* :

Ningotwewanakisik,	*ils forment une seule bande ;*
Nijwaiakisik,	*ils sont de deux tribus différentes ;*
Nijwaiagaton palatowinan,	*il y a deux sortes de pièbles ;*
Nisonjanakisik,	*ils sont trois familles.*

147. Le mot NITAM s'emploie pour rendre soit l'adjectif *premier*, soit l'adverbe *premièrement* :

Nitam inini Adam kijinikasogoban,	*le premier homme s'appelait Adam ;*
Nitam ke tagocing kata pin likanu,	*le premier qui arrivera sera introduit ;*
Manowaiagat ket ani tokamonaniwang : nitam....,	*il y a plusieurs choses à faire : premièrement....*

Les autres adverbes ordinaux, *deuxièmement, troisièmement, etc.*, se rendent par *nijwaiak, niswaiak, etc.*

148. C'est de la particule EKO qu'il faut se servir pour exprimer les adjectifs de nombre au-dessous de *premier* :

Eko nijwate, eko niswate, eko mitatciwate, eko nictanawewate, *le deuxième, le troisième, le dixième, le vingtième ;*

Tagon eko { nijing, / nising, / mitacing, } *c'est la 2ème, la 3ème, la 10ème chose.*

Les noms de mesure peuvent aussi se transformer en verbes de nombre :

Mitaso kanakising aeite nij kotak mesk'ing kizis niga madja,	*je partirai le douze du mois prochain ;*
Neso kijigatinik ki apiciping,	*il est ressuscité le troisième jour ;*
Neso mitana taso piponagatinik eko kitci okimawite,	*la trentième année de son règne.*

CHAPITRE XX. NOMS DE PARENTÉ ET D'AFFINITÉ.

149. Presque tous ces noms ne sont employés qu'avec un des préfixes *ni, ki, o*, ainsi qu'il a été dit. Quelques-uns ont en outre besoin de la marque du possessif, nous allons donner des exemples des uns et des autres :

On a déjà vu çà et là, dans les chapitres précédents, un certain nombre de noms de parenté et d'affinité : ici, nous aurons soin de les mettre tous par ordre, et de les faire suivre de quelques exemples de verbes qui en dérivent. Ces exemples suffiront pour montrer que de chacun des noms dont il est question, on peut former plusieurs sortes de verbes soit absolus soit relatifs :

150. Os, père :

N'os,	*mon père ;*	K'os,	*ton père ;*	Osan,	*son père ;*
Osis, i,	*avoir père ;*		Kit osis na kebatsite ?	*as-tu encore ton père ?*	
Awenen wesimiiie ?	*qui as-tu pour père ?*		Simonin nind osima,	*j'ai Simon pour père ;*	
Kije Manito kit osimanan,			*nous avons Dieu pour père ;*		
Okeimo,	*on l'a pour père ;*		Kije Manito wekosimiite,	*Dieu le Père.*	

151. GA, mère :

Ninga, *ma mère ;* Ki ga, *ta mère ;* O kin, *sa mère ;*
Ningiban, *ma défunte mère ;* O kibanen, *sa défunte mère ;*
Oki, *avoir mère ;* Kit okimin kelsiate, *nous avons encore notre mère ;*
Wekite, *celui qui a sa mère ;* ô Mani wekiminan ! *ô Marie que j'ai pour mère !*
Wekiminte, *celle que l'on a pour mère ;* Wekimindjik, *les mères ;*
Kit okimisa Mani, Ki witookimiim Jezes, *vous avez Marie pour mère, vous avez pour mère la mère de Jésus.*

152. KWISIS, fils :

Ningwisisak, *mes fils ;* O kwisisà, *ses fils ;*
Ki kwisisibanek, *tes fils défunts ;* Okwisis, i, *avoir un fils ;*
Okwisisim, *avoir pour fils ;* Nind okwisisimiko, *on m'a pour fils ;*
Kit okwisisimik, *il t'a pour fils ;* Kije Manito Wekwisisimimte, *Dieu le Fils ;*
Kitchitwa Mani, wekwisisimate Kije Manito, *Sancta Maria, Mater Dei, (ora pro nobis).*

153. ANIS, fille :

Nind anisinan, *notre fille ;* Kit anisiwa, *votre fille ;*
O anisiwan, *leur fille ;*
Otanis, i, *être père ou mère d'une fille ;*
Nind otanisima, *je l'ai pour fille, c'est ma fille ;*
Nind otanisimik okima, *je suis la fille du chef ;*
Wetanisungin nind iji sakihik, *il m'aime comme sa fille ;*
Wetanisidjik, *les parents de la fille ;*
Otanisindiwak ikim iewenak, *de ces femmes, l'une est la fille de l'autre.*

154. MICOMIS, grand-père :

Ni micomis, *mon aïeul ;* Ni micomisinan, *notre aïeul ;*
Ni kitci ni micomis, *mon bisaïeul ;* Omicomis, i, *avoir grand-père ;*
Wemicomisidjik, *ceux qui ont leurs grands-pères ;*
Kwenitc nidindai kin kekabate ij omicomisiban tahekoni nijwame, *le Seigneur ... ton ..., l'avoir connu les deux grands-pères.*

155. OKOMIS, grand'mère :

Ni kitci nokomis, *ma bisaïeule ;* Ookomis, i, *avoir grand'mère ;*
Weiokomisidjik, *ceux qui ont leurs grand'mères ;*
Weiokomisingin et apitenimat, *il la considère comme sa grand'mère ;*
Pijik eta n'okomisiban ningi kikenima, ningiban okomisen, *je n'ai connu qu'une de mes aïeules, la défunte mère de ma défunte mère.*

156. OCIS { petit-fils, petite-fille ;

N'ocisinanik, *nos petits-enfants ;* K'ocisiwak, *vos petits-enfants ;*
Ocisiwà, *leurs petits-enfants ;*
Ni kitci n'ocis kwiwisens, *mon arrière-petit-fils ;*
Ni kitci n'ocis ikwesens, *mon arrière-petite-fille ;*
Acaie nind ocis, *voici que j'ai un petit-enfant, me voilà grand-père, grand'mère ;*
Weiocisiwiyeg, kikitwawinik wenocisimingok, *vous qui êtes petits-enfants, respectez ceux dont vous êtes les petits-enfants.*

157. AWEMA, frère, sœur :

Ce mot s'emploie pour désigner le *frère* de la sœur, et la *sœur* du frère.

Nindawema,	*ma sœur,*	si c'est un homme qui parle ;
	mon frère,	si c'est une femme qui parle ;
Kit awema,	*ta sœur,*	si c'est à un homme qu'on parle ;
	ton frère,	si c'est à une femme qu'on parle ;

Oti'wenan. { *sa sœur,* si c'est d'un homme qu'on parle ;
son frère, si c'est d'une femme qu'on parle.

Dans le saint Evangile, Marthe dit à Jésus :

Tebendjiminang, apiwandakina oudaje, kawin ta ki nipossi an nind awemaban, *Seigneur, si vous eussiez été ici, mon défunt frère ne serait pas mort :*

Ot [illegible] : ta apitcipa kit awemaban, *il me l'a dit : votre défunt frère reviendra.*

Owawemawindjik, *les deux frère et sœur,* c'est le frère et la sœur ;

Wetawemawindinguin, *comme s'ils étaient frère et sœur.*

158. KANIS, frère :

Ce mot signifie *frère du frère,* et rien de plus. Par conséquent une femme ne pourra jamais dire : "ni kanis," *mon frère,* et à un homme seulement on pourra dire "ki kanis, ki kanisak," *ton frère, tes frères.*

Pakom nind ijinikas, Zakai ijinikaso ni kanis, *Je m'appelle Pacôme, mon frère s'appelle Zacharie ;*

Pien wikanisan Jak ijinikasowan, *le frère de Pierre s'appelle Jacques ;*

Wikanisindibanek Inias Wabadjikeban gaie Etien Pakinawatikoban, *ils étaient frères l'un de l'autre, Ignace l'[illegible] et Etienne Arbre-foudroyé.*

Wawikanisidiwinga kijawendadita, *aimons-nous les uns les autres, comme des frères.*

159. TIKIK, sœur :

Ce mot signifie uniquement *sœur de la sœur ;* ainsi il ne s'emploiera que de femme à femme, de même que *kanis* ne s'emploie que d'homme à homme :

Ni tikik Agat [illegible], ikito Anjenik, *ma sœur Agathe vaut [illegible], dit Angélique ;*

Mina [illegible] ki tikik ka [illegible], *la sœur qui est [illegible] ;*

Witikikwan Katirin [illegible] ijinikazowan, *la sœur de Catherine se nomme [illegible] ;*

Newiwan [illegible], Nipanodokwe, [illegible], Anikodikwe gaie Wabeidakwe, *la femme [illegible], la femme au [illegible], la femme à [illegible], et la femme au [illegible] sont quatre sœurs.*

160. SAIENS, frère aîné :

Ce mot se dit de tout frère plus âgé qu'un de ses frères ou qu'une de ses sœurs.

Ki saiensak, *mes frères plus âgés que moi ;* Osaiensi, i, *avoir un frère aîné ;*

Ki osaiensiwina ? — Ka nind osaiensisiin, *avez-vous des frères aînés que vous ? — nous n'avons pas de frères aînés que nous ;*

Nind osaiensima, *je l'ai pour frère aîné ;* c'est mon aîné ;

Nind osaiensimigok kakina nitcijanak, *tous mes frères et sœurs m'ont pour aîné, je suis l'aîné de tous ;*

Wesaiensiwindjik [illegible] kaie [illegible] wesaiensimindjik aiji, *les frères aînés doivent donner le bon exemple à leurs cadets.*

161. MISENS, sœur aînée :

Pon o misensan, *la sœur aînée de Paul ;*

Mariinos o misensa, *les sœurs aînées de la petite Marie ;*

Omisensi, i, *avoir une sœur aînée ;*

Ka omisensisi, *il n'a pas de sœur aînée ;*

Omisensiban, *il avait une sœur aînée ;*

Nind omisensima Marian, *j'ai pour sœur aînée Marianne, Marie-Anne est mon aînée ;*

Kawin awiia nind omisensimasi ka gaie awiia nind omisensimigosi, *je n'ai ni sœur aînée ni sœur cadette (dicit mulier).*

162. CIMENJ, frère cadet, sœur cadette :

Ki niwinak ni cimenjak pejik kwiwisens, nisw ikwesensak, *j'ai eu quatre cadets, un garçon et trois filles ;*

Josep ijinikaso ni cimenj, *mon frère cadet s'appelle Joseph ;*

Katinin ni ijinikazowin wecimenjimak ozacinjiwe, *Catherine est le nom de ma plus jeune sœur ;*

Kakina ki minjimendamin, wecimenjiminaugk, *je me souviens de vous tous, qui êtes mes cadets.*

163. TCIJAN, frère, sœur :

Tcijan signifie littéralement *co-enfant*. Il est employé pour exprimer en général *frère* et *sœur* de père et de mère, et surtout de mère :

Nitcijan,	*mon frère ou ma sœur ;*
Manak kitcijanak,	*tu as beaucoup de frères et de sœurs ;*
Aniesand o witcijanan Zabien,	*Alexandre est le frère utérin de Xavier ;*
Finomenian o witcijan' mabanon Zabetan,	*Affinaie l'aînasine* [illegible] *sœur utérine d'Elizabeth ;*
Anin endasowitcijanidiwate,	*combien sont-ils d'enfants nés de la même mère ?*

164. MICOMISS, oncle paternel,
CICESS, oncle maternel :

MICOMISS, outre le sens de PATRUUS, *frère du père*, a encore celui de VITRICUS, beau-père, *step-father* des Anglais :

Ni micomenjak,	*les frères de mon père ;*
Nind omicomenj eta, ka nind ocosisi,	*je n'ai qu'un beau-père, je n'ai pas de père ;*
Omicomenj, i,	*avoir un oncle paternel, avoir un beau-père ;*
Ocicenj, i,	*avoir un oncle maternel ;*
Kawin nind omicomenjisi ka gaie nind ocicenjisi,	*je n'ai ni oncle paternel ni oncle maternel ;*

Kawin awiia nind omicomenjimigosi, mitàna dac nind ocicenjimigok, *je ne suis l'oncle paternel de personne, mais je suis l'oncle maternel de plusieurs.*

165. SIGOS, tante paternelle,
NOSSES, tante maternelle, belle-mère, marâtre :

Ni sikosak,	*les sœurs de mon père ;*	Ni nosesjak,	*les sœurs de ma mère ;*

Nind osikosimban, nisiwak, gaie ki nipow,	*j'avais des tantes paternelles, elles étaient trois, elles sont mortes ;*
Ka nind onosesjisi,	*je n'ai pas eu de tantes du côté maternel ;*

Kawin gaie ikidis okan kwiwisensak, onosesjik, *ces petits garçons n'ont plus de mère, ils ont une belle-mère ;*

166. OJIS, neveu de l'oncle paternel,
OJIMIKWE, nièce de l'oncle paternel

Nind ojim,	*le fils de mon frère ;*	Ot ojiman,	*le fils de son frère ;*

Ojim, i,	*avoir des neveux du côté de son frère ;*
Kit ojimikwem,	*ta nièce, la fille de ton frère ;*
Ot ojimikweman,	*la fille de son frère ;*
Ka ot ojimikwemisi ni tawis,	*mon cousin n'a pas de nièce du côté de ses frères.*

Outre ce sens de *neveu* et de *nièce* vis-à-vis de micomenj, l'oncle paternel, ces mots *ojim* et *ojimikwe* ont encore celui de *beau-fils*, step-son, et de *belle-fille*, step-daughter.

Kit ojimak, kit ojimikwemak,	*les fils, les filles de ta femme.*

167 OJIMS { neveu, nièce. } de la tante maternelle :

Kitci manek nind ojimisak, ta ki ikito iaàn wadjaiem, *j'ai beaucoup de neveux et de nièces, pourrait dire cette femme-là, (ses cinq sœurs sont mères de plusieurs enfants).*

Ka nind ojimisi, ikitodan Minensikwedon, kot inange onidjanisik ni tikikwak, *je n'ai pas de neveu ni de nièce, du côté de mes sœurs, disait la défunte femme de Minens, attendu qu'elles n'ont pas d'enfants.*

168. NIKWANIS, neveu { de l'oncle maternel, de la tante paternelle :

Ninda ningwanis kiepin okwisisita nind awema, *j'aurais un ningwanis (moi homme), si ma sœur a un fils ; j'aurais un ningwanis (moi femme), si mon frère a un fils ;*

Oningwanisi Janbatis, amin ma ki nikanwasewan ot awenan, kwiwisens, *Jean-Baptiste a un ningwanis, car sa sœur vient d'accoucher d'un garçon ;*

Oningwanisi gaie win Anjes, ot oningwanisiman wetawemadjin o kwisisini, *elle aussi, Agnès, a un ningwanis, elle a pour ningwanis le fils de son frère.*

169. Cimis, nièce { de l'oncle maternel, / de la tante paternelle

Nijwak ni cimisak, *j'ai deux nièces du côté maternel ;*

Wecimisidjik, *les oncles maternels qui ont des nièces ; les tantes paternelles qui ont des nièces ;*

Wecimisiminidjik, *les nièces des oncles maternels ; les nièces des tantes paternelles.*

170. Tawis, cousin d'homme

Jak witawisan, *le cousin de Jacques ;*

Witawisimidibanek Piminan gaie Tomaban, *Les défunts Pierre et Thomas étaient cousins.*

Le titre de *tawis* ne se donne guère qu'aux fils de l'oncle maternel et à ceux de la tante paternelle :

Ni cicenj okwisisa, ni tawisak nind inak, mi nasab gaie win ni sikos o kwisisan, ni tawis nind ina, *les fils de mon oncle maternel, je les dis mes tawis, et pareillement aussi je dis du fils de ma tante paternelle qu'il est mon tawis.*

171. Angoewa, cousine de femme :

Anjes ot angoenjan, *la cousine d'Angèle ;*

Pinamen otangoenji, Saran ka otangoenjisi, *Philomène a des cousines, Sarah n'a pas de cousine.*

On n'emploie ce terme d'*angoenj* que pour les filles de l'oncle maternel et celles de la tante paternelle :

Kinawa ekwewiieg, ki cicenjiwak ot anisiwa, aniu enenwa ?— Nind angoenjimanik nind inanaik, *Vous autres femmes, comment désignerez-vous les filles de vos oncles maternels ?— Nous les désignons par le nom d'angoenj.*

Tabiskote ni sikosimanik ot anisiwa nind angoenjimananik, *également les filles de nos tantes paternelles nous les avons pour angoenjak.*

172. Nimoewa, { cousine d'homme, / cousin de femme :

Janb o nimoenjin, *la cousine de Jean ;* Ian o nimoenjan, *le cousin de Jeanne.*

Nimoenj ne se dit que pour les fils et les filles de l'oncle maternel, et pour les fils et les filles de la tante paternelle.

Pierre Sakanowekamote a plusieurs enfants, tant filles que garçons, sa sœur Anne a également plusieurs enfants de l'un et de l'autre sexe. Les enfants de Pierre sont donc cousins germains des enfants de la tante paternelle et réciproquement. En français, nous n'avons que le terme de cousin pour exprimer ce degré de parenté, les Algonquins ont pour cela trois mots différents : *nimoenj* exprime le cousinage entre hommes et femmes, *tawis* celui des hommes entre eux, et *angoenj* celui des personnes du sexe entre elles.

173. Nous venons de voir comment les enfants du frère et ceux de la sœur, se traitent de cousins. Les enfants des deux frères ainsi que les enfants des deux sœurs, vont plus loin, ils se donnent les uns aux autres le nom de frères.

En d'autres termes, pour les enfants de l'oncle paternel et pour ceux de la tante maternelle, on se sert selon l'âge et le sexe des individus, d'un des mots que nous avons expliqués plus haut.

AWEMA, KANIS, TIBIS, SAIENS, MISSAS, CIMENS.

Ainsi un homme dira "nind awema," *ma sœur*, en parlant de la fille de son oncle paternel, de la fille de sa tante maternelle.

Si cette cousine germaine est plus agée que lui, il pourra dire d'elle "ni misens," et si elle est plus jeune, "ni cimenj."

Une femme dira " nind awema," *mon frère*, en parlant du fils de son oncle paternel, du fils de sa tante maternelle.

Si ce cousin germain est plus âgé qu'elle, elle pourra dire de lui : " ni saiens," et s'il est plus jeune, " ni cimenj."

Ni kanisidok, *mes frères* ; Ni saiensitok, *mes frères aînés* ;
Ni cimenjitok, *mes frères cadets* ;

Dira un homme en s'adressant à ses cousins, fils de ses oncles paternels ou de ses tantes maternelles.

Une femme s'adressant à ses cousines, filles des frères de son père ou des sœurs de sa mère, pourra dire :

Ni tikikobok, *mes sœurs* ; Ni misensitok, *mes sœurs aînées* ;
Ni cimenjitok *mes sœurs cadettes*.

174. Pour éviter la confusion que pourrait faire naître cette qualification de *frères* et de *sœurs* donnée aux *cousins et cousines*, enfants des deux frères ou des deux sœurs, on a soin d'y joindre, selon qu'il est nécessaire, le mot *tibinawe*, ou le mot *akâm*, de cette manière :

Akosiu Simonik wikanisan.—Tibinawesiu wikanisan ? *Le frère de Simon est malade ; est-ce son propre frère ?*
Kah, akâm wikanisan, *non, c'est son frère de l'autre bord*.
Mina Sabet tibinawe witikikwan, kanima akâm eta witikikwan ? *Est-ce la sœur propre d'Elizabeth, ou bien seulement sa sœur de l'autre bord ?*

175. WITIKEMAGAN, { *époux,* / *épouse.* }

a). Ce mot est formé du verbe WITIKEM, *habite avec elle, lui*.

Tereza witikemaganan. *Le mari de Thérèse* ; Pilip o witikemaganan. *La femme de Philippe*.

Witikemagan est à présent généralement employé au lieu de [illegible] et de NABEM, *mari*, de [illegible] et de WIW, *femme*.

b). On disait autrefois :

Nin, *mon mari* ; Kin, *ton mari* ; Winan, *son mari*.

On ne le dit plus, mais on dit encore :

[illegible], *avoir son mari* ; Ka osisi Sabet, *Elizabeth n'a pas de mari* ;
Kawin wi osisik nind ozisak, *mes filles ne veulent pas se marier* ;

c). *Nabem* qui est le possessif de NABE, *mâle*, se dit encore :

Ni nabem, *mon mari* ; Ki nabem, *ton mari* ; O nabeman, *son mari* ;
O nabemdamen Caroliban, *le défunt mari de la défunte Charlotte*.

Jésus dit à la Samaritaine :

[illegible] kit iki, kawin nind onabemisi ki ikit. Nanan [illegible] ki ki onabemak, [illegible] nongom dac ka witikemate, kawin keget kit onabemimasi ; ki tepwe ka ikitoan ka ikit [illegible] *[illegible] que cinq maris [illegible] ; et [illegible] ; tu as dit [illegible]*.

d). On disait autrefois :

Niw, *ma femme* ; Kiw, *ta femme* ;

On dit encore :

Wiwan, *sa femme* ; Wiwikawen, *sa défunte femme* ;
Wiw, i, *avoir sa femme*, *être marié* ;
Kawin wiwisi, *il n'a pas de femme* ;
Kawikat ta wiwisi, *jamais il n'aura femme*, *jamais il ne se mariera*.

e). On dit encore quelquefois

Ni wie, *ma femme ;* Ki wie, *ta femme.*

Wie n'est autre chose que le détérioratif de w absolument inusité maintenant en dehors de la troisième personne.

Wiwie, i, *être mal marié,* avoir une méchante femme ;
Wiwieowin ni gotan, ikitoban Kijonikiban, *je crains de ne pas bien rencontrer dans le choix d'une épouse, disait feu Kijonik.*

176. Cinis, beau-père, socer, father-in-law :

Ni cinis, *mon beau-père,* le père de { *ma femme,* *mon mari ;*
Pienens o cinisan, *le beau-père du petit Pierre ;*
Ki cinisiban, *ton défunt beau-père ;*
Kawin acate nind ocinisi, *je n'ai plus de beau-père.*

177. Sikosis, belle-mère, socrus, mother-in-law :

Aan ejinikaso ki sikosis, *comment s'appelle ta belle-mère ?*
Ni sikosis nekinch nind apitenima, ikito Manions, *ma belle-mère, je l'estime comme ma mère, dit la petite Marie ;*
Ka o mino totawasiwan o sikosisan Zabiens, *le petit Xavier ne traite pas bien sa belle-mère ;*
Mino ikwewi wesikosimak, *c'est une bonne femme celle que j'ai pour belle-mère.*

178. Ningwan, gendre :

Niswak ni ningwanak, awonge ninawatc ningot oningwan, Pazatis ga ningot oningwaniman, *j'ai trois gendres, bientôt j'en aurai encore un, c'est Pascal que j'aurai pour gendre ;*
Nind oningwanimigok Pon Mangons gaie esiin Wabamik kwe, *je suis le gendre de Paul le petit Huard et de Cécile la femme au castor blanc.*

179. Sim, bru

Ki sim,	*ta bru ;*	Ki simik,	*tes brus ;*
Ni siminan,	*notre bru ;*	ni siminanik,	*nos brus ;*
Osimin,	*sa bru ;*	O simiwan,	*leur bru ;*
Osim, i,	*avoir une bru, des brus ;*		

Sinda ninwonin ionun papamitangitan kit ansinwa kitei ominangite, *nous serons contents si notre fille convenait à ce que nous l'ayons pour bru.*

180. Indawa, père ou mère du gendre ou de la bru :

Nous n'avons pas de mots en français qui réponde à l'indawa des Algonquins ; il répondrait tout seul aux mots latins consocer et consocrus, aux mots espagnols consuegro et consuegra :

Nind indawak, *les parents de mon gendre, de ma bru ;*
Kit indawa, *le père ou la mère de ton gendre ou de ta bru ;*
Ot indawan, *le beau-père ou la belle-mère de son fils ou de sa fille.*

181. Ta, beau-frère d'homme

Ni ta, ki ta, witan, *mon, ton, son beau-frère ;* Ni taban, *mon défunt beau-frère ;*
Piien witabanen, *le défunt beau-frère de Pierre,* { le frère de sa femme ou le mari de sa sœur ;
Kitak, *tes beaux-frères ;* { les maris de tes sœurs, les frères de ta femme.

182. Nim, { belle-sœur d'homme, beau-frère de femme :

Jak winimon, *la belle-sœur de Jacques ;* Ann winimon, *le beau-frère de la femme ;*
Ni nimok, *les sœurs de ma femme ;* *les femmes de mes frères ;*
Ni nimok, *les frères de mon mari ;* *les maris de mes sœurs.*

183. Ang, belle-sœur de femme :

Nind ang, *ma belle-sœur ;* (dicit mulier) ;
Kit angwak, *tes belles-sœurs ;* (dicitur mulieri) ;
Sasin ot angwan, *la belle-sœur de Cécile.*

184. Angwen, camarade de femme :

Depuis un certain temps, on confond assez généralement *angwe* avec *ang* qui bientôt ne se dira plus, et on appellera les belles-sœurs non plus *angwak*, mais ANGWENAK, amies, camarades.

Au vocatif ce mot peut se passer de préfixe, on peut dire :

Angweh, pindiken, namatapin, *ma belle-sœur, ma camarade, entre, assieds-toi ;*
Ki angweh, *ta belle-sœur, ta camarade ;*
Angwehitiibanek, *elles étaient belles-sœurs, elles étaient amies ;*
Nisiwak nongom nind angwehiak [illegible] Tomas, ikitoban Sabet, *elles sont trois à présent mes belles-sœurs, depuis que s'est marié mon jeune frère Thomas, disait Elisabeth.*

185. Tchiwe, compagnon, camarade d'homme :

Nitchiwe, *mon camarade ;* Witchiwenhian, *son camarade ;*
Kitchiwenhiak, *tes camarades ;* Nitchiwenhibanek, *mes anciens camarades ;*
Witchiwenhitita, *soyons camarades ;*
Witchiwenhitigwaban Dabid gaie Jonatas, *David et Jonathas furent amis.*

Ce mot s'appliquait autrefois aux vieillards exclusivement ; alors on disait et on écrivait "Nitc kitchiwenzih, kitc kitchiwenzih, witc kitchiwenzihian," &c. ; mais maintenant que le mot est altéré, on l'applique à tous les âges.

Dans la forme actuelle de ce mot aussi bien que dans l'ancienne, on doit reconnaître le pronom composé nitc, kitc, witc, dont il a été question dans le chapitre du pronom.

186. Il y a une remarque importante à faire sur le mot Ninimoshe. On peut dire que ce mot a changé de signification depuis le milieu du siècle, et ce n'est plus par *cousin* ou *cousine* qu'il faut le traduire, mais bien par *fiancé* ou *fiancée*.

Pon ninimoshenjan, *la fiancée de Paul ;*
Katinin ninimoshenjibanen, *[illegible] de Catherine ;*
Wenimoshenjidjig, *noms des personnes qui se recherchent en mariage.*

187. Il nous reste encore quelques noms de parenté à faire connaître, nous ne faisons que les indiquer, on trouvera dans le Lexique des détails et des explications sur chacun de ces mots.

a). Nigitizimak, parents, c'est-à-dire père et mère.

Nigitizimak, *mes parents ;*
Wegitizimidjig, papamitawik ki nigitizimiwak, *vous qui avez vos parents, obéissez à vos parents.*

b). Nidjanis, fils, fille.

Nidjanisinanig, *nos enfants ;*
Wedjanisidjig, mino nanagatawendamok ki nidjanisiwak, *vous qui avez des enfants, élevez bien vos enfants.*

c). Tchinawemagan, parent, parente.

Nitchinawemaganak, *ceux et celles qui me sont unis par le sang ;*
Onzam pecho tchinawendiwak, kawin gakina kid wikitowawe, *ils sont trop proches parents, ils ne peuvent pas s'épouser.*

d). Oginendasoa, c'est le nom qu'on donne aux *beaux parents*, lorsqu'ils ont chez eux leur gendre ou leur bru.

Nind qinindaganak nind apitci sakihigok, *mon beau-père et ma belle-mère,* (chez qui nous demeurons) *m'aiment beaucoup.*

e) NAANGIC, gendre (demeurant chez son beau-père)

Ni naangicim, *mon gendre* (demeurant chez nous)
Apitci ni sakihigonan ni naangicimnan, *notre gendre nous aime beaucoup.*

f) NAANGICIKWE, bru (demeurant chez les parents de son mari)

Kawin wi apisi endaiang ni naangicikwemimnan, ki wi nakanigonan, *elle ne veut pas rester chez nous, notre bru, elle veut nous quitter.*

g) ANIKOBIDJIGAN, arrière petit fils, petite fille

Nind anikobidjiganànik, *nos arrière neveux,* nos descendants.

Voy. au Lex. le mot ANIKOBIDJIKE.

h) Des mots enfantins "tata, djodjo, &c," nous parlerons dans un chapitre spécial.

DEUXIÈME PARTIE

SOMMAIRE : I. Noms des parties du corps. — II. Verbes collectifs. — III. Espèces particulières de verbes. — IV. Verbes à double régime et verbes de bienveillance. — V. Verbes dérivés d'un nom. — VI. Noms dérivés d'un verbe. — VII. Verbes préformés et verbes affirmés. — VIII. Verbes instrumentaux et verbes à effet. — IX. Verbes anomaux. — X. Verbes composés. — XI. Supplément aux conjugaisons précédentes. — XII. Le Dubitatif dans les verbes et autres parties du discours. — XIII. Conjugaisons négatives. — XIV. Supplément à diverses parties du discours. — XV. Degrés de comparaison. — XVI. Récapitulation des conjugaisons. — XVII. Emploi des modes et des temps. — XVIII. Onomatopée et langage enfantin. — XIX. Syntaxe. — XX. Méthode.

CHAPITRE I. NOMS DES PARTIES DU CORPS

188. La plupart de ces noms se modifient en se changeant en verbes ; nous mettrons ici d'abord le nom en français, puis le nom en algonquin, précédé, quand il sera nécessaire, du point dont il a été parlé ailleurs ; ensuite vient le nom verbifié toujours indiqué par un trait —. Au-dessous, nous répétons les mots algonquins en les accompagnant soit de quelqu'un des préfixes, soit de quelqu'un des divers cas ; tantôt les laissant au singulier, tantôt les mettant au pluriel, et enfin, quand il y a lieu de le faire, nous formons avec ces noms des verbes composés.

TÊTE, ·chkwan, —kwe, —indipe.

Nishtikwan,	*ma tête ;*	Kishtikwan,	*ta tête ;*
Tewikwe,	*avoir mal de tête ;*	Anipekwen, i,	*pencher la tête de côté ;*
Sapakindipe,	*avoir la tête plate ;*	Sapakindipek,	*les Têtes-Plates.*

CHEVEU, minisa.

Ni ninisisan,	*mes cheveux ;*	Oninisis, i,	*avoir des cheveux ;*
	Kawin ocah oninisisisi	*il n'a plus de cheveux.*	

Au lieu de dire, *avoir les cheveux noirs, blancs, roux,* les algonquins disent WABIKWE, *avoir la tête blanche ;* makatewindipe, *avoir la tête noire ;* miskondipe, *avoir la tête rouge.*

ŒIL, ·ckinjik, —ckinjikwe, —ab, i, —ingwe

Ni kitci mickinjik,	*mon œil droit ;*	Kickinjikon,	*les yeux ;*
Ockinjikon,	*ses yeux ;*	Sasakingwe,	*avoir mal d'yeux ;*
Agasickinjikwe,	*avoir de petits yeux ;*	Mamangab, i,	*avoir de grands yeux.*
	Kakipingwe,	*avoir les yeux bouchés,* être aveugle ;	

189. Le mot CKINJIK signifie aussi *visage,* et l'on dit

" Nickinjiksag " également pour : *à mes yeux* et pour *à mon visage.*

On trouve quelque chose d'analogue en allemand et en grec.

FRONT, -skatik.

Oskatik ot akosin, *il a mal au front ;*
Niskatikong ningi pakitekok, *il m'a frappé au front ;*
Oskatikong o pakitewan, *il le frappe au front.*

JOUE, -now.

Onowan, *sa joue ;* Ni nowak, *mes joues ;*
Napanenow, *l'une des joues ;* Manitskwanowe, *avoir les joues rouges ;*
Mamanganowe, *avoir de grosses joues.*

SOURCIL, -mama.

Ki mamak gotamenindagosik, *tes sourcils sont terribles ;*
Naniskimamawek, *ils ont les sourcils froncés ;*
Naniskimamawen, i, *froncer les sourcils.*

NEZ, -kiwan, -djane.

O kiwan, *son nez ;* O kiwaning, *à son nez ;*
Niskikiwanem, i, *grimacer du nez ;* Napakidjane, *avoir le nez épaté ;*
Kinodjane, *avoir le nez long.*

NARINE, -tenik.

Ni namanditenikom, *ma narine gauche ;* Ni tenikomak, *mes narines ;*
Mamangitenikome, *avoir de grosses narines ;*
Nabitenikomebizon, *boucle de narine, pendant de nez.*

OREILLE, -tawak, -ca.

Ni tawakan, *mes oreilles ;* Ni tawakang, *à mes oreilles ;*
Kakanotawake, *avoir les oreilles longues ;* Mamanjitawake, *avoir de vilaines oreilles ;*
Kiskitawake, *avoir une oreille coupée ;* Otawaka, *avoir des oreilles ;*
Otawakang, ki ta pisindam, *si vous avez des oreilles, vous devez écouter ;*
Kakipace, *avoir les oreilles bouchées, être sourd ;*
Nabiseon, *pendant d'oreille.*

BOUCHE, -ton.

Ki toning, *dans ta bouche ;* Ki toniwang, *dans votre bouche ;*
Pakiton, *avoir la bouche ouverte ;* Agasiton, *avoir la bouche petite ;*
Osamiton, *avoir trop de bouche, être babillard ;*
Misakoton, *avoir la bouche perdue, être bavard.*

LANGUE, -tenan.

Ni tenan, *ma langue ;* Kiskitenaniwi, *avoir la langue coupée ;*
Sakitenaniweni, i, *tirer la langue ;*
Sakitenaniwetaw nanandokawinini. *montre ta langue au docteur.*

DENT, -bit.

Ni bitan, *mes dents ;* Wibit, *sa dent ;*
Wibiting, *à sa dent ;* Owibita, *avoir des dents ;*
Kitabitan, *les grosses dents, les molaires ;*
Manatabite, *avoir de mauvaises dents ;* Pinaibite, *perdre ses dents ;*
Tewabide, *avoir mal aux dents.*

PALAIS, -nagask.

Ni nagask, *mon palais ;* Ni nagaskong, *à mon palais ;*
O nagaskon, *son palais ;* O nagaskong, *à son palais ;*
O nagaskoniwang, *à leur palais.*

TEMPE, -tetek.

Ni tetekom, *ma tempe ;* Ni tetekomak, *mes tempes ;*
Ki tetekomak kit akosinak, *tu as mal aux tempes ;*
Ningi aton mackiki ni tetekoming, *j'ai mis du remède sur mes tempes.*

COU, -kwegan, -gwalawe.

Ni kweganing, *à mon cou ;*
Pakigwalawe, *avoir le cou enflé ;*
Kinogwalawe, takogwalawe, mangigwalawe, agasigwalawe, *avoir le cou long, court, gros, petit.*

GOSIER, -gondagan, -gonewe.

Matci gondagan, *méchant gosier ;* Gondaganing, *dans le gosier ;*
Pikwagondagan, *une grosse gorge, un goître ;*
Pakigondagane, *avoir la gorge enflée ;*
Kakiijigonewe, *avoir mal à la gorge ;*
Okanens ni pindjigonewockagon, *une arête entre dans mon gosier.*

MACHOIRE, -tamikan, -ackanige.

Ni tamikan, o tamikan, *ma mâchoire, sa mâchoire ;*
Otamikan, i, *avoir une mâchoire ;*
Pakackanige, *avoir la mâchoire enflée ;*
Mitackanige, *n'avoir que des mâchoires sans dents.*

ÉPAULE, -tinigan, -tinimangan.

Ni tiniganak, *mes épaules (omoplates) ;* Nasawitinigan, *entre les épaules ;*
O tinimanganing, *sur ses épaules ;*
Ni tinimanganan nin i akosinan, *j'ai mal aux épaules.*

AISSELLE, -ningwi.

O ningwi, *son aisselle ;* O ningwing, *sous son aisselle.*

BRAS, -nik, -nike.

Ni kitci nik, *mon bras droit ;* O kitci nikining ôsan, *à la droite de son père ;*
Kakanonike, *avoir de longs bras ;*
Napanekinonike, *avoir un bras plus long que l'autre ;*
Pakwanike, nipwanike, kickinike, pakinike, *avoir le bras court, paralysé, coupé, enflé ;*
Tajonikena, *étendre le bras ;* Nikenim, *tourner le bras.*

MAIN, -nindj, -nindji.

Ni nindjin, *mes mains ;* Ni nindjing, *dans mes mains ;*
Ni kitci nindj, *ma main droite ;* Oninindji, *avoir des mains ;*
Pininindji, wininindji, *avoir les mains [illegible], malpropres ;*
Ni sakininidjina, *je le prends par la main.*

ONGLE, -ckanj, -kanji.

Nickanjik, *mes ongles ;* Kakanockanji, *avoir les ongles longs ;*
Tatakockanjibidis, o, *[illegible] les ongles ;* Kickijak kickanjinak, *coupez vos ongles.*

POITRINE, -kakikan, -akikan.

Ni kakikan nind akosin, *j'ai mal à la poitrine ;*
Taiowakikangik, *les poitrinaires ;*
Miciakikan, *avoir du poil sur la poitrine ;*
Ki mickakikan, gackakiganetonon, *tu as la poitrine découverte, couvre-toi la poitrine ;*
Gackakiganeon, *épinglette pour attacher les vêtements sur la poitrine.*

Cœur, -teh.

Nindeh,	*mon cœur ;*	Nindehing,	*dans mon cœur ;*
Anamiteh,		*au fond du cœur ;*	
Oteh, i,		*avoir un cœur, avoir du cœur ;*	
Minotehe, matcitehe,		*avoir un bon, un mauvais cœur ;*	

Jezos aj etehiian, ejiteheu ijitehehiein, ape witeitehemiwanbin ! *O Jésus, ayant un cœur comme vous avez cœur faites-moi avoir cœur, puissé-je avoir un cœur pareil au vôtre !*

Ventre, -misat, -ckat, -ndji.

O misatang, ockatang,	*dans son ventre ;*	Mangimisate,	*avoir un gros ventre ;*
Akockate,	*avoir mal au ventre ;*	Tetebidji,	*avoir le ventre mou ;*
Mackawidji,		*avoir le ventre dur.*	

Dos, -pikwan.

O pikwanang,	*à son dos ;*	Aiewipikwan,	*avoir mal dans le dos ;*
Pikwaneninedj,		*le dos de la main ;*	
O ki pikwanenindjitawan,		*il lui donne un coup de revers de sa main.*	

Côté, -pikai.

Ni pikaiak,	*mes côtés ;*	Napanepikai,	*un de mes côtés ;*
O pikaiang,		*dans son côté.*	

Côte, -pikegan.

Pikockani pejik o pikegan,	*il a une côte cassée ;*
O kitcikomanawabanen Adamian pejik o pikeganini,	*il enleva à Adam une de ses côtes.*

Jambe, -kat.

Ni kat,	*ma jambe ;*	Ni katan,	*mes jambes ;*
Takokate, pokokate, kickikate,		*avoir une jambe courte, cassée, coupée ;*	
Tatakokate, popokokate, kickickikate,		*avoir les jambes courtes, cassées, coupées.*	

Pied, -sit.

O siting,	*à ses pieds ;*	O namandjisit,	*son pied gauche ;*
Napanesit,		*l'autre pied ;*	
Otchitopisite,		*avoir des crampes aux pieds ;*	
Kakanosite,		*avoir de longs pieds ;*	
Tatakisite,		*avoir les pieds froids ;*	
Nanakakisit,		*la plante du pied.*	

190. Par ce qui précède on a pu remarquer que certaines parties du corps sont de genre animé, que presque toutes ont besoin de préfixe, qu'en outre quelques-unes requièrent encore la marque du possessif, que quand elles sont doubles comme les pieds, les mains, il faut mettre le verbe au duplicatif, s'il est question de l'un et de l'autre organe. Toutes ces remarques pourront se faire également sur d'autres parties du corps que nous nous contenterons d'indiquer :

Nindip, winindip,	*cervelle ;*	Nikwai, winikwai,	*peau de la tête, cuir chevelu ;*
Ias, wiias,	*chair ;*	Nin, winin,	*graisse, partie grasse.*

191. C'est ainsi qu'on doit écrire les quatre mots qui précèdent, et ce n'est que par abus que la plupart à présent disent "ni winindip, ni winikwai, ni wiias, ni winin," ne faisant pas attention que *wi* n'est ici autre chose que le préfixe de la troisième personne

Natowesi winikwai,	*la chevelure du Sioux ;*
Atikons winindip,	*la cervelle de veau, litt. le veau sa cervelle ;*
Atik wiias,	*viande de bœuf, litt. le bœuf sa chair ;*
Kokos winin,	*lard, litt. le cochon son gras, sa partie grasse.*

La même remarque doit s'appliquer au mot "winzop," *fiel*, corruption de "wi sop," *son fiel*.

192. Le mot IAW se prend dans trois acceptions différentes :

a.) Ni iaw, *mon corps*, par opposition à "ni tcitcagoc," mon âme ;
b.) Ni iaw, *ma personne*, mon individu tout entier, *moi* ;
c.) Ni iaw, *mon homonyme*, ni iawak, *mes homonymes*.

Maack ni iawak siping, *j'ai beaucoup d'homonymes*, (d'autres moi-mêmes) *dans la rivière*, disait un jour en riant Paul Oka, faisant allusion à la signification de son nom qui veut dire *poisson doré*.

193. TOTOC, mamelle, totocan, *les mamelles* :

Totoeanabo, *liqueur des mamelles*, lait ;

Totocanabo-pimite, *graisse de la liqueur des mamelles*, beurre, et par abréviation, "totocpimite."

Totoc est du genre animé quand il est précédé d'un préfixe, et de plus, il prend la marque du possessif :

Ni totocimak, *mes mamelles* ; Ni totocim, *mon mamelle*.

C'est de TOTOC qu'est dérivé le verbe *totoṅika*, teter.

194. PINISAKOSI, rate

Ce mot a une étrange étymologie, on y trouve PIN, *tomber*, et la racine SAK, *bois* ; osi est mis ici pour OSE, *marcher*, "tomber sur le bois en marchant." Les Iroquois appellent la rate "teiakorontoientakwa," *ce qui les jette sur les arbres*. Les Indiens croient qu'en mangeant de la rate, on devient comme ivre, et qu'on se jette sur les arbres. Habitant autrefois dans les forêts, c'était naturellement contre des arbres qu'ils devaient buter, si réellement ils devenaient étourdis et frappés de vertige. Ce qu'il y a de certain, c'est que les Algonquins aussi bien que les Iroquois encore aujourd'hui, ne mangent pas la rate des animaux, par un reste de superstition.

195. MISKWI, sang.

Il est bon de remarquer la ressemblance de MISKWI, *sang*, avec MISKO, rouge. Les Iroquois ont vu également le rapport qui existe entre le *sang* et la couleur rouge, comme le disent assez les mots *onekwensa* et *onekwentara*. Et il est encore d'autres langues qui offrent le même rapprochement. Voy. LEXIQUE DE LA LANGUE IROQUOISE, p. 138.

196. De MISKWI s'est formé MISKWEIAP, ..in, *veine*, litt. *canal du sang*. Eiap, signifie *lien, attache, cordon, canal*.

KITCI MISKWEIAP, artère ; aorte, la grande artère.

197. Nous n'avons plus que quelques mots pour terminer notre liste des noms des parties du corps et mettre fin à ce chapitre.

TAKWIS, nuque, derrière du cou ;	TCWEWAN, fémur ;
TOSKWAN, coude ;	NISK.. ..OK, aîne ;
MIKITCIS, pouce ;	KITIK, ..OK, genou ;
TIS, nombril ;	SAKASKWAN, jarret ;
KIPOS, diaphragme ;	KAKWAN, tibia ;
ATCAWAK, épine dorsale ;	NAS, ..AK, moëlle ;

NOKAN, hanche ;
TOKWST, — AN, nerf ;
KAN, — AN, os ;
CAKAI, peau ;
PWAM, cuisse ;
TONKAN, talon ;
PAN, poumon ;
KON, foie ;
NINDJAN, doigt ;
SITAN, orteil.

198. On trouvera à la page 38 du Lexique, la signification littérale de ces deux derniers mots *nindjan* et *sitan*, ainsi que de " iekwenindjân, iekwesitân," *petit doigt de la main, petit doigt du pied.*

CHAPITRE II. VERBES COLLECTIFS.

199. Par *verbes collectifs* il faut entendre ici les *verbes absolus* qui, en français, ont pour sujet le pronom indéfini ON, toutes les fois que ce pronom indique plusieurs personnes.

Le verbe collectif se forme en ajoutant *naniwan* à la racine des différents verbes absolus, comme le montrent les exemples suivants :

Nikamo*naniwan*, on chante ;
Mawi*naniwan*, on pleure ;
Papi*naniwan*, on rit ;
Magoce*naniwan*, on festine ;
Minawani*naniwan*, on se réjouit ;
Awakaniwi*naniwan*, on est esclave ;
Tibenindizo*naniwan*, on est indépendant ;
Okimawi*naniwan*, on est souverain ;
Akosi*naniwan*, on est malade ;
Nipo*naniwan*, on meurt ;
Akimose*naniwan*, on va en raquettes ;
Pimipahigaze*naniwan*, on va à cheval ;
Akimike*naniwan*, on fait des raquettes ;
Makisinike*naniwan*, on fait des souliers ;
Mokomanike*naniwan*, on fait des couteaux ;
Anwenindizo*naniwan*, on se repent ;
Sakihitizo*naniwan*, on s'aime soi-même ;
Sakihiti*naniwan*, on s'entr'aime ;
Awazo*naniwan*, on se chauffe ;
Mawandjiiti*naniwan*, on s'assemble ;
Mamawiiti*naniwan*, on est ensemble ;
Pakewiiti*naniwan*, on se sépare ;
Akosikaso*naniwan*, on fait semblant d'être malade ;
Moniako*naniwan*, on va à Montréal ;
Azamikaze*naniwan*, on salue ;
Anamikago*naniwan*, on est salué ;
Anamiketatia*naniwan*, on se salue ;
Mawadicwe*naniwan*, on fait visite ;
Mawatisigo*naniwan*, on reçoit visite ;
Ganonitizo*naniwan*, on se parle à soi-même ;
Ganoniti*naniwan*, on converse.

200. La conjugaison des verbes collectifs n'est nullement compliquée ; tous les autres temps se forment du présent de l'indicatif, on n'a qu'à ajouter les désinences propres à chaque temps.

— OBAN pour l'imparfait ;
— OBANEN pour l'imparfait éloigné ;
— G pour le présent du subjonctif ;
— GIBAN pour l'imparfait ;
— GOBANEN pour l'imparfait éloigné ;
— GIN pour l'éventuel.

Voici quelques exemples :

Gitimagisinaniwan*oban*, Gitimagisinaniwan*obanen*,	on était misérable ;
Gitimagisinaniwang,	si on est misérable ;
Gitimagisinaniwan*giban*, Gitimagisinaniwan*gobanen*,	si on était misérable ;
Gitimagisinaniwan*gin*,	quand on est misérable.

Enamikotatinaniwangin, *quand on s'entre-salue*, (au premier jour de l'an) ;
Mikatinaniwan, *on se bat*, il y a bataille ;
Megwatc makatinaniwang, *pendant qu'on se bat*, durant la bataille ;
Kanake nab ta anwenindizonaniwan apite wa nipomaniwang, *il faudrait se repentir au moins alors qu'on est sur le point de mourir.*

201. Dans un certain nombre de verbes il se produit une syncope, comme par exemple :

Alamiiâniwan, *on prie* pour *alamiâniwan* ;
Alamiepimoçaniwan, *on fait la procession* pour *alamiepimoseniwan*.

CHAPITRE III — ESPÈCES PARTICULIÈRES DE VERBES.

202. *Verbes déponents.* — Nous donnons ce nom à certains verbes absolus en AS, O ; IS, O ; OS, O.

Les verbes déponents se forment pour la plupart du verbe actif relatif :

Kijikaw, *payez-le* ;	Kijikaso, *il paye ses dettes* ;
Awin, *prête-le* ;	Awiaso, *il emprunte* ;
Witokaw, *aide-le* ;	Witokaso, *il coopère* ;
Sikahandaw, *baptise-le* ;	Sikahandaso, *il est baptisé* ;
Kaj, *cache-le* ;	Kaso, *il est caché* ;
Takobij, *lie-le* ;	Takobiso, *il est lié* ;
Tisaj, *prends-le au piège* ;	Tisaso, *il est pris au piège*.

203. Bien loin de recevoir l'existence du verbe actif, certains verbes déponents en sont eux-mêmes la souche :

Kijiso, *il est cuit* ;	Ni kijizwa, *je le fais cuire* ;
Pakiso, *il saute, il éclate* ;	Ni pakiswa, *je le fais éclater* ;

Le verbe Pawaso, *il se chauffe*, ne dérive d'aucun autre et est lui-même improductif.

204. Il y a en algonquin une délicatesse de langage qui nous manque en français, quand il s'agit d'employer le passif d'un verbe.

On a vu dans la première partie de cet ouvrage, la distinction à faire entre les verbes relatifs et les verbes absolus de la voix passive.

Ces derniers ne doivent pas non plus être confondus avec ceux d'entre les verbes déponents qui se rendent en français par le verbe passif.

Les exemples suivants feront sentir la différence de signification qui existe entre les uns et les autres :

VERBES PASSIFS.	VERBES DÉPONENTS.
Ni sikahandagoz, *je suis baptisé*, on me baptise, je reçois le baptême ;	Ni sikahandas, *je suis baptisé*, j'ai reçu le baptême, je suis au nombre des baptisés ;
Ki takobinigo, *tu es lié*, on te lie ;	Ki takobis, *tu es lié*, tu es dans les liens, dans les fers ;
Tisanawagan, *le voilà qui prend au piège*, on le prend au piège.	Tisaso, *il est pris au piège*, il s'y trouve pris, il s'y est pris, il y reste pris.

205. La forme *déponente* n'est propre qu'à un certain nombre de verbes ; mais plusieurs de ceux qui en sont privés, peuvent y suppléer, au moins pour les troisièmes personnes, voici de quelle manière :

Sakiha, *on l'aime* ;	Sakihiganiwi, *il est aimé* ;
Takonak, *on les prend* ;	Takonigoniwik, *ils sont pris* ;
Wabamiban, *on le voyait* ;	Wabamigoniwiban, *il était vu* ;
Pakitewabanek, *on les frappait* ;	Pakitehiganiwibanek, *ils étaient frappés* ;

206. Les verbes en *kaw*, en *maw*, manquent pour la plupart de la forme *gamiel*, et n'ont rien pour en tenir lieu.

Les verbes en *naw* et quelques autres manquent également de cette forme, mais ils peuvent généralement la remplacer par la forme *gos* dont il sera parlé plus loin.

207. *Verbes semi-réciproques.*—Ces verbes, de même que les verbes réciproques proprement dits, ne peuvent s'employer qu'au pluriel ou avec la désinence du verbe collectif. La forme des uns et des autres est absolument identique ; mais ils peuvent différer dans leur mode de formation et surtout quant à leur signification.

Les verbes réciproques, nous l'avons vu, expriment une action mutuelle de deux ou plusieurs sujets l'un sur l'autre, et ils se forment invariablement de l'impératif du verbe actif-relatif :

Sakih, *aime-le* ; Sakihitiwak, *ils s'entr'aiment.*

Les verbes semi-réciproques servent à exprimer une action faite en commun par deux ou plusieurs agents, ou une simple association d'individus, ou encore un rapport mutuel de parenté ou d'affinité. Ils peuvent se former soit d'un verbe neutre, soit d'un verbe actif, soit d'un verbe dérivé d'un nom, soit d'un adverbe.

208. Ainsi se formeront :

a). De "nimi," *danse* ; Nimitinaniwan, *on danse, on fait la danse* ;
Nimitiwak, *ils dansent ensemble.*
b). De "mamawi," *ensemble* ; Ni mamawiitimin, *nous sommes ensemble* ;
Ki mamawiitim, *vous êtes ensemble* ;
c). De "mawandjih," *rassemble-les* ; Mawandjihitiwak, *ils s'assemblent* ;
Mawandjihetinaniwan, *on s'assemble.*
d). De "wedjanisimaw," *avoir pour enfants* ; Wedjanisimawitijik, *les parents et les enfants* ;
Wedjanisimdimin, *comme des parents à l'égard de leurs enfants, et comme des enfants à l'égard de leurs parents.*

209. *Verbes fréquentatifs.*—Ces verbes se forment de différentes manières selon que la racine verbale commence par une voyelle ou une consonne.

a). Si c'est une consonne, on la redouble et l'on place un a entre les deux consonnes.

Pandike, *entre* ; Papindike, *entre souvent ; entrer ici et là* ;
Minikwe, *bois* ; Maminikwe, *boire à plusieurs reprises* ;
Mij, *donne-lui* ; Mamij, *donne-lui ; plusieurs fois, donne-leur à chacun.*

b). Si c'est un i, on ne redouble pas cette voyelle, on se contente de mettre un a devant le verbe.

Ikit, e, *dire* ; Aikit, e, *dire et redire, répéter* ; [illegible] à plusieurs fois.
Inapine, *avoir telle maladie* ; Ainapine, *avoir plusieurs sortes de maladies ou la même*

c). Si c'est une autre voyelle on la redouble, et c'est un i qu'on intercale.

Amam, *donne-lui à manger* ; Aiamam, *nourris-le* ;
Eko, *tranche la glace* ; Eieko, *faire cela à plusieurs reprises, en divers endroits* ;
Odjim, *donne-lui un baiser* ; Oiodjim, *baise-le plusieurs fois ; donne un baiser à chacun.*

210. *Verbes causatifs.*—Quelques exemples suffiront pour expliquer ce que nous entendons par *verbes causatifs*, et pour montrer comment on peut les former :

Nipa, *il dort* ; Ni nipeiwa, *je le fais dormir, je l'endors.*

Aiamie, *il prie* ; Aiamiek ki nidjanisak, *fais prier tes enfants* ;
Papi, *il rit* ; Ni papiiak, *je les fais rire, je les égaye, les réjouis* ;
Nibwaka, *il est sage* ; Nibwakahichi, Tebeminang, *rends-moi sage, Seigneur* ;
Anwenindiso, *il se repent* ; Anwenindisohiwinan, *rends-nous repentants, fais que nous nous repentions.*

211. On voit par ces exemples, qu'il a suffi d'ajouter un *h* au verbe absolu pour en faire un verbe causatif. Il en est ainsi pour tous les verbes absolus se terminant par une voyelle.

Mais pour les verbes terminés par *m* ou par *n*, il faut de plus intercaler un *o* :

Pasindam, *il écoute* ; Ni pisindamoha, *je le rends attentif* ;
Taguwin, *il arrive* ; Ni taguchinoha, *je le fais arriver.*

Pour les verbes terminés par *enindam*, au lieu de *o*, il faut mettre *i* devant *h* :

Minwenindam, *il est content* ; Ni minwenindamiha, *je le contente* ;
Gackenindam, *il est chagrin* ; Ni gackenindamiha, *je le chagrine.*

212. *Verbes sociatifs*.—C'est ainsi que l'on peut nommer les verbes relatifs et autres, issus de verbes absolus auxquels on a préposé *wite*, *wit'*, et que l'on accompagne ensuite de *m* :

[illegible], *parler une langue* ; Ni witeinwema, *je parle la même langue que lui* ;
Kakat witeinwewinanimewedan [illegible]wakamigak, *une fois on parlait la même langue par toute la terre* ;
Api, *être assis* ; Witapim, *assieds-toi avec lui* ;
Anikwis, *souffrir* ; Witanikwisimata, *souffrons avec lui* ;
Minawas, *se réjouir* ; Ni witeminawasimamin, *nous nous réjouissons ensemble* ;
Witeanikwisimang Jesus wakikakamik, ki ga witeminawasimanan kakikeiawining, *si nous souffrons avec Jésus sur la terre, nous nous réjouirons avec lui dans l'éternité.*

213. *Verbes diminutifs*.—Certains verbes peuvent revêtir la forme diminutive, tels sont entr'autres, les suivants :

Kimiwan, *il pleut* ; Kimiwanonsiwan, *il tombe une petite pluie* ;
Sokipo, *il neige* ; Sokiponsiwan, *il tombe une petite neige* ;
Awan, *il y a du brouillard* ; Awanonsiwan, *il y a un petit brouillard* ;
Pimbato, *il court* ; [illegible], *il trottine, il court à petits pas* ;
Nickatisi, *il est en colère* ; Nickatisinsiwi, *il est en colère, ce petiot !*

D'un petit enfant qui pleure, sa mère dira par ironie et pour l'empêcher de pleurer.

Nikamonsiwi, *il chantonne, il chantille.*

214. *Verbes détérioratifs*.—Ainsi que dans les noms, il faut distinguer dans les verbes deux sortes de détérioratifs.

a). La forme du détérioratif simple est la même dans les verbes que dans les noms mais sa signification est un peu différente ; il sert d'ordinaire à exprimer un sentiment de bienveillance, de sympathie, de commisération, de compassion :

Akosi, i, pakatee, i, *être malade, être maigre à faire pitié* ;
Kakipiteeiban gaie kakipingwesiban, *il était à la fois sourd et aveugle, hélas !*
Tebinaga, *pauvre malheureux ! ce que l'on dit de lui n'est, hélas ! que trop vrai.*
Nind acamigo, *on a pitié de moi, on me donne à manger* ;
Nind agwiiligo, *on a la bonté, on me fait la charité de me vêtir.*

D'un malade, d'un convalescent à la santé duquel on s'intéresse, on dira au détérioratif simple

Nipeei, *il dort* ;	pimosei, *il marche* ;	mawiei, *il pleure* ;	pagiei, *il est* ;
Minikweei, *il boit* ;	wisiniei, *il mange* ;	nisitiiei, *il pète* ;	aganasimoei, *il parle anglais*.

De quelqu'un dont on regrette la perte, on dira : " Ki nipoei," *il est mort* ; ki pon pimatisei, *il a cessé de vivre* ; ki pon neseei, *il a cessé de respirer* ; au lieu d'employer les verbes simples : *nipo*, *pimatisi*, *nese*.

b). La forme de l'ultra-détérioratif n'est pas *ere*, comme dans les noms, mais bien *ekie*.

Anamiekie, i, *faire mal ses prières* ;
Aganasimokie, i, *parler mal l'anglais* ;
Wemitigocimokie, i, *écorcher le français*.

215. *Verbes vituperatifs*.—Ces verbes sont ainsi nommés parce qu'ils renferment toujours une idée de *blame*, de *reproche* que mérite ordinairement l'action exprimée par le verbe. Voici quelques exemples :

Manatsa, *dire une mauvaise parole* ;	manatwerk, i, *être voué à de mauvaises paroles* ;
Kimod, i, *commettre un vol* ;	kimodick, i, *avoir le défaut d'être voleur* ;
Minikwe, *boire* ;	minikweck, i, *être adonné à la boisson* ;
Wisin, i, *manger* ;	wisinick, i, *exceller dans le manger* ;
Anoki, *chasser* ;	anokick, i, *avoir trop de goût pour la chasse* ;
Atwage, [illegible] ;	atwageck, i, *avoir la passion des jeux* ;
Nipa, e, *dormir* ;	nipack, i, *dormir trop, aimer à dormir* ;
Masinaige, [illegible] ;	masinaigeck, i, [illegible]

216. *Verbes d'attitude*.—Ces verbes sont de deux sortes selon que l'*attitude* provient de la conformation physique ou de la simple volonté de l'agent. Quelques exemples vont faire comprendre notre pensée.

Pimiton, *avoir la bouche de travers* ;	pimitonen, i, *se mettre la bouche de travers* ;
Pimiingwe, *avoir le visage contourné* ;	pimiingwen, i, *se contourner le visage* ;
Manadjinawe, *être laid de visage* ;	manadjingwen, i, *s'enlaidir le visage, faire la moue* ;
Oskinawe, *avoir le visage vide* ;	oskingwen, i, *se voiler le visage, se refrogner* ;
Niskingwe, *avoir la figure grimaçante* ;	niskingwen, i, *faire la grimace* ;
Wagikwanawe, [illegible] ;	wagikwanen, i, [illegible] ;
Anipekwe, *avoir la tête penchée d'un côté* ;	anipekwen, i, *se pencher la tête d'un côté* ;
Ajitcikwe, *avoir la tête en arrière* ;	ajitcikwen, i, [illegible] ;
Nanakinamawe, [illegible] ;	[illegible] ;
Papakawanawe, [illegible] ;	papakawanawen, i, [illegible]

217. *Verbes transformes*.—Ce sont des verbes neutres qui ont été primitivement passifs-relatifs. Les voici à peu près tous

ex. Pimipabi, o,	*aller à cheval* ;	[illegible], o	[illegible] ;
Pakipabi, o,	[illegible] ;	[illegible], o,	[illegible] ;
Nanimabi, o,	[illegible] ;	[illegible], o,	[illegible] ;
Kipipabi, o,	[illegible] ;	[illegible], o,	*monter à cheval* ;
Nibipabi, o,	[illegible] ;	[illegible], o,	[illegible] ;

Pimondabi, o, *être à cheval*.

218.—Les aborigènes de l'Amérique ne connaissaient pas l'usage des bêtes de somme, et l'histoire nous apprend quelle fut leur surprise quand ils virent pour la première fois des hommes à cheval.

Tous ces verbes ont été, à l'origine, de vrais verbes passifs-relatifs ; au lieu de dire comme aujourd'hui : "pimipahoo," on disait autrefois "o pimipahigon," c'est-à-dire, *il est porté par lui*, par un être extraordinaire et dont on ne sait pas le nom.

Le nom donné au cheval[1] par les Algonquins ne fut inventé qu'après les verbes ci-dessus qui expriment les divers mouvements, trains, directions et positions du cavalier et de sa monture.

b). Amok..., avoir un chancre.

219. La racine de ce verbe est AMV, *manger*, ainsi amwa, *je le mange*.

[illegible]

On disait autrefois et on devrait dire aujourd'hui :

[illegible]

c). M...abitanis..., avoir mal aux dents.

220. C'est un mot composé de "mose," *espèce de petit ver*, ..bi, *dent* ; ...an, *verbe opératif* qui a la double signification d'*être* et d'*avoir*.

[illegible]

221. *Verbes passifs-relatifs.* — C'est le nom que l'on a cru pouvoir donner à certains verbes qui ont pour sujet la première ou la deuxième personne et pour régime deux troisièmes personnes de genre animé et qui dépendent l'une de l'autre.

[illegible]

[illegible]

[illegible]

[illegible]

[illegible]

[illegible]

CHAPITRE IV. — VERBES À DOUBLE RÉGIME ET VERBES DE BIENVEILLANCE

222. Nous appelons ici *verbes à double régime* des verbes parfaitement réguliers ayant pour régime direct un nom de genre inanimé et pour régime indirect une personne ou tout au moins un être de genre animé.

Généralement parlant, c'est d'un verbe actif à terme inanimé que se forment les verbes à double régime.

[illegible]

[illegible]

[1] Voyez la note sur le mot *pepejikokasi*, p. [illegible] du Lexique algonquin.

Si le verbe à régime inanimé se termine par *on*, c'est en *amaw* que se change d'ordinaire cette finale *on* :

Ojiton, *[illegible]* ; ojitamaw, *[illegible]* ;
Wanaiton, *[illegible]* ; wanaitamaw, *[illegible]*.

Pour un certain nombre de verbes terminés en *on*, cette finale se change simplement en *aw* :

Katon, *cache* ; kataw, *cache-le lui* ;
Piton, *apporte* ; pitaw, *apporte-le lui*.

223. Tous les verbes en *aw* ou en *amaw* ne sont pas des verbes à double régime ; mais ceux-là mêmes qui le sont, ne se forment pas tous d'un verbe à régime inanimé, il en est qui ont des origines bien diverses ; en voici quelques-uns :

Kikinohamaw, *[illegible]* ; [illegible], *[illegible]* ;
Anokitaw, *travaille pour lui* ; [illegible], *[illegible]* ;
[illegible], *[illegible]*.

224. Quand même le régime direct d'un verbe à double régime serait de genre inanimé, si c'est le nom d'une des parties du corps, on ne fait pas usage du verbe en *amaw*, mais on procède d'une toute autre manière que l'on fera connaître au chapitre des verbes composés.

On a vu ci-dessus, No 221, la manière de former un verbe qui a pour régime deux personnes dépendant l'une de l'autre, et toutes deux en relation avec un sujet de première ou de deuxième personne. Il est d'une extrême importance de ne pas confondre des verbes si différents.

225. Des verbes en *amaw* se forment des verbes absolus en *amage*, des verbes réfléchis en *amatis*, *o*, etc. Voici de petites phrases où se trouveront réunis plusieurs de ces verbes :

[illegible]
[illegible]
[illegible]
[illegible]
[illegible]
[illegible]
[illegible]
[illegible]
[illegible]
[illegible]
[illegible]
[illegible]

226. Des verbes à double régime que nous venons de voir se forme une espèce de verbes qu'on peut appeler *verbes de bienveillance*. Pour les former il n'y a qu'à changer *maw* en [illegible].

[illegible]
[illegible]
[illegible]
[illegible]

Kit-I pamitoiez miniKwekiwin, [illegible] [illegible], *que vous restiez de [illegible] comme vous faites, voilà ce que je vous souhaite.*

[illegible] [illegible] [illegible] [illegible] [illegible] [illegible] *tout [illegible] [illegible] [illegible] [illegible] [illegible] [illegible] [illegible] [illegible] [illegible] [illegible] [illegible] [illegible] [illegible] [illegible] les mots.*

Chapitre V. Verbes dérivés d'un nom.

227. Nous distinguerons cinq sortes de verbes dérivés d'un nom :

a). *Verbes d'existence.*—Le verbe *être* suivi d'un nom se rend en Algonquin par un verbe dérivé de ce nom.

Okima, *chef*;	[illegible], *être chef*;	[illegible]	[illegible]
Inini, *homme*;	[illegible], *être homme*;	[illegible]	[illegible]
Ikwe, *femme*;	[illegible], *être femme*;	[illegible]	[illegible]
	Awak, [illegible];	[illegible]	

[illegible], *[illegible] Manitou?*	[illegible]
[illegible]	[illegible]
[illegible]	[illegible]

228. Si le sujet du verbe est du genre inanimé, on forme le verbe en ajoutant [illegible] au nom terminé par une voyelle, et [illegible] ou [illegible], si ce nom est terminé par une consonne.

Aki, *terre*;	[illegible]
Okan, *os*;	[illegible]
[illegible], *feu*;	[illegible]

b). *Verbes de possession.*—Le verbe *avoir* suivi d'un nom se rend quelquefois en algonquin par un verbe dérivé de ce nom.

229.—Pour former le verbe on n'a qu'à mettre o devant le nom commençant par une consonne, et od devant une voyelle ; après le nom on ajoute les terminaisons ordinaires des verbes [illegible]. Mais il faut remarquer que si le nom est du nombre de ceux qui prennent la marque du possessif, cette marque doit se reproduire dans le *verbe de possession.*

Wiwakwan, *chapeau*;		[illegible]
Makisin, *soulier*;		[illegible]
Akik, *chaudière*;		[illegible]
[illegible];	[illegible]	[illegible]
Atik, [illegible];	[illegible]	[illegible]

Le verbe de possession est principalement employé quand il s'agit des liens *de parenté et d'amitié*, ainsi qu'on a pu le remarquer par ce qui a été dit précédemment.

c). *Verbes de construction.*—Les verbes *faire, construire, fabriquer*, suivis d'un nom, peuvent se rendre en algonquin par un verbe dérivé de ce nom.

230.—Pour cela, on ajoute au nom *ke*, [illegible], selon la finale du nom.

Anak, [illegible];	[illegible]	[illegible]	[illegible]
[illegible];	[illegible]	[illegible]	[illegible]
Tchiman, *canot*;	[illegible]	[illegible]	[illegible]

En changeant le *ke* en [illegible], ces verbes deviennent [illegible] et peuvent en outre revêtir toutes les formes des verbes ordinaires.

[illegible]	[illegible]
[illegible]	[illegible]
[illegible]	[illegible]

d). *Verbes d'abondance.*—Ce sont des verbes unipersonnels dérivés du nom de l'objet qui *abonde*, au moyen de la finale *ka*, *ika*, ou *oka* selon la forme du nom :

231.—Sakimé,	*maringouin ;*	sakimeka, *il y a beaucoup de maringouins ;*
Kon,	*neige ;*	konika, *il y a beaucoup de neige ;*
Mitik,	*arbre ;*	mitikoka, *il y a beaucoup d'arbres ;*
Kikons,	*poisson ;*	kikonsika, *c'est poissonneux.*

232.—On donne à ces verbes une sorte de locatif en changeant *ka* en *kang* :

Sakimekang, *dans un lieu infesté de maringouins ;*	Kikonsikang, *dans un endroit poissonneux ;*
Konikang, *dans un endroit plein de neige ;*	[illegible]ikang, *dans une sapinière ;*
Mitikokang, *en pleins bois ;*	[illegible]ikang, *à la clairière ;*
Animikikang, *au milieu du monde ;*	akimabikang, *à la frênaie, frênière.*

e). *Verbes de langage.*

233. Ces verbes se forment en ajoutant *m* aux noms des nations de cette manière :

Wemitigoji, *français ;*	wemitigojim, *o, parler français ;*	[illegible], *iroquois ;*	[illegible]m, *o, parler iroquois ;*
Aganecan, *anglais ;*	aganecam, *o, parler anglais ;*	[illegible], *sauteux ;*	[illegible]m, *o, parler sauteux.*

Chapitre VI. Noms dérivés d'un verbe.

234. Ces noms que l'on peut appeler *noms verbaux* sont de trois sortes ; les uns terminent en *win*, d'autres en *an*, et d'autres en *ne* ; tous, à *peu près*, se forment de la troisième personne du présent de l'indicatif des verbes absolus.

a.) Les noms en *win* désignent l'action ou l'état qu'exprime le verbe.

Akosi,	*être malade ;*	akosiwin,	*maladie ;*
Pimatisi,	*vivre ;*	pimatisiwin,	*vie ;*
Nipo,	*mourir ;*	nipowin,	*mort ;*
Nipa,	*dormir ;*	nipawin,	*sommeil ;*
Akik[illegible],	*être enrhumé ;*	akik[illegible]win,	*rhume ;*
[illegible]	[illegible]	[illegible]win,	[illegible]
Kijosi,	*avoir la fièvre ;*	kijosiwin,	*fièvre ;*
[illegible]	*avoir mal à la tête ;*	[illegible]win,	*mal de tête ;*
Kiwackwebi,	*être ivre ;*	kiwackwebiwin,	*ivresse ;*
Kitike,	*cultiver la terre ;*	kitikewin,	*agriculture ;*
Ojibike,	*écrire ;*	ojibikewin,	*écriture ;*
[illegible]	*être créé ;*	[illegible]win,	*création ;*
Sakipiso,	*être marié ;*	sakipisowin,	*société ;*
Pakwejiganike,	*faire du pain ;*	pakwejiganikewin,	*métier de boulanger ;*
[illegible]	[illegible]	[illegible]win,	[illegible]
[illegible]	[illegible]	[illegible]win,	[illegible]
[illegible]	*se repentir ;*	[illegible]win,	*repentir, contrition ;*
Nahi[illegible],	[illegible]	[illegible]	*adresse ;*
[illegible]	[illegible]	[illegible]win,	[illegible]
[illegible]	[illegible]	[illegible]win,	[illegible]
[illegible]	[illegible]	[illegible]win,	[illegible]
[illegible]	*être ensemble ;*	[illegible]win,	*réunion, rassemblement ;*
Aganecamo,	*parler anglais ;*	aganecamowin,	*langue anglaise ;*
[illegible]	[illegible]	[illegible]win,	[illegible]
Nibwaka,	*être sage ;*	nibwakawin,	*sagesse ;*
Sakihigosi,	*être aimable ;*	sakihigosiwin,	*amabilité ;*
Kijewatis[illegible],	*être généreux ;*	kijewatisiwin,	*générosité ;*
Kijinjaw[illegible],	*être adroit ;*	kijinjawisiwin,	*adresse.*

235. Quand la troisième personne du verbe se termine par une voyelle, comme dans les exemples précédents, on ne fait qu'ajouter *win* pour la formation du nom verbal. Mais si le verbe se termine par *m* ou par *n*, il faut intercaler une lettre euphonique, la voyelle *o* :

Minwenindam, *être content ;*	minwenindamowin, *contentement ;*	pangicin, *tomber ;*	pangicinowin, *chûte ;*
Gackenindam, *être triste ;*	gackenindamowin, *tristesse ;*	tagocin, *arriver ;*	tagocinowin, *arrivée ;*
Ossotam, *tousser ;*	ossotamowin, *toux ;*	wanicin, *se tromper ;*	wanicinowin, *erreur.*

236. Expliquons maintenant la restriction indiquée par ces mots "à peu près" mis plus haut en italiques :

Quand le verbe absolu est au passif, le nom verbal se forme de la première personne et non pas de la troisième :

Ni kikinohamaco,	*je suis enseigné ;*	kikinohamagowin,	*enseignement reçu ;*
Nind anamikago,	*je suis salué ;*	anamikagowin,	*salut reçu ;*
Ni mawatisigo,	*je suis visité ;*	mawatisigowin,	*visite reçue ;*
Ni kijikago,	*je suis payé,*	kijikagowin,	*payement reçu.*

b.) La deuxième espèce de noms verbaux est terminée en *gan*, et quelquefois en *kan*.

Ces noms servent à indiquer l'instrument, l'outil, le meuble à l'aide duquel se fait l'action exprimée par le verbe ; ou bien la chose sur laquelle cette action s'exerce ; ou bien encore la personne elle-même qui fait l'action ou y coopère ; ou enfin le lieu, la place où se fait l'action. En voici des exemples :

237. Si le verbe se termine en *ge*, on change *ge* en *gan* :

Kikinohamage, *enseigner ;* — kikinohamagan, *disciple, écolier ;*
Anokitage, *travailler pour autrui ;* — anokitagan, *serviteur ;*
Kackibadjige, *raser, faire la barbe ;* — kackibadjigan, *rasoir ;*
Pataage, *moudre ;* — pataagan, *moulin ;*
Kickackijige, *scier ;* — kickackijigan, *scie ;*
Kisipikaige, *laver ;* — kisipikaigan, *savon.*

238. Si le verbe est terminé en *ke*, on change *ke* en *kan* :

Kitike, *cultiver, être cultivateur ;* — kitikan, *champ, terre cultivée ;*
Atisoke, *raconter des fables, des contes ;* — atisokan, *conte de fée ;*
Wanike, *creuser une fosse ;* — wanikan, *fosse ;*
Shaiapakwatoke, *faire du sucre ;* — shaiapakwatokan, *sucrerie, terre à sucre ;*
Anamessike, *dire la messe ;* — anamessikan, *autel.*

239. Si le verbe est terminé en *i*, on ajoute *wagan* :

Wisini, *manger ;* — wisiniwagan, *table ;*
Tesapi, *être assis ;* — tesapiwagan, *siège, chaise ;*
Onzabi, *voir dans ;* — onzabiwagan, *fenêtre.*

240. Si le verbe est terminé en *we*, on change *we* en *wagan* :

Minikwe, *boire ;* — minikwewagan, *coupe, verre ;*
Ikwandawe, *monter ;* — ikwandawewagan, *escalier, échelle.*

c). La troisième espèce de noms verbaux sert pour l'ordinaire à désigner des objets de toilette et de parure, et se termine par *on*.

Pour former ces noms, il n'y a qu'à ajouter *n* au verbe, lequel est toujours terminé par *o* à la troisième personne.

Ainsi sans avoir besoin de mettre ici les verbes formateurs, il suffira de dresser la liste des noms qui en dérivent.

241. Nabissoon, *pendant d'oreille ;* — gackitenebison, *jarretière ;*
Nabikiwanoon, *pendant de nez ;* — miskwebison, *couronne, diadème ;*

Kitcipizon, *ceinture* ;
Titibinindjibizon, *anneau, bague* ;
Titibisitebizon, *bague de pied* ;
Gackitoiwebizon, *bracelet du coude* ;
Gackinikebizon, *bracelet de poignet* ;
Gackikatebizon, [illegible] *de la jambe* ;
nabikwaniwebizon, *collier* ;
akawateon, *parasol, ombrelle* ;
akawabawazon, *parapluie* ;
wabikaon, [illegible] ;
sakaon, *canne* ;
mindjikaon, *gant* ; mindjikawonk, *des gants* ;

Gackakwasoon, *épinglette, agrafe pour joindre le vêtement sur la poitrine.*

241. Au lieu de *mindjikaon* plusieurs disent *mindjikawon*. Ce mot est le seul de cette liste, qui appartient au genre animé.

Les noms en *win* que nous avons cités sont tous du genre inanimé, mais en voici qui appartiennent au genre animé :

Kitchitwa anamiewanakisiwin, *la sainte Église, l'Église* ;
Kitchitwa Okanatiwin, *la Sainte Eucharistie* ;
Kitchitwa [illegible]anakisiwin, *la Sainte Famille* ;
Kitchitwa Ostiwin, *la Sainte Hostie.*

Ces deux derniers sont des mots tirés du français et ne dérivent d'aucun verbe.

Quant aux noms en *an*, ceux que nous avons cités sont les uns de genre animé, les autres de genre inanimé, selon l'acception dans laquelle ils sont pris. Chose étrange ! le mot *atisokan*, fable, conte de fée, a l'honneur d'être du genre animé ; le mot "wejijabandjigan," *rêve*, est aussi rangé parmi les noms de genre animé. Il y a ici un reste de superstition qui tend à disparaître peu à peu.

CHAPITRE VII. VERBES PRÉFORMÉS ET VERBES ADFORMÉS.

242. Il y a en algonquin des verbes pour ainsi dire incomplets par eux-mêmes et ne pouvant subsister qu'à l'aide d'un secours étranger. Les uns prennent leur appui par devant et se nomment *verbes préformés* ; les autres le prennent par le côté opposé, et se nomment *verbes adformés*. De là le nom de *préformante* ou d'*adformante* donné à cette sorte d'*appui*, selon la place qu'il occupe.

243. *Verbes préformés.* — Ces verbes sont très nombreux, à cause du grand nombre et de la variété de leurs préformantes. Voici d'abord quelques exemples de verbes préformés par des prépositions ; nous avons soin de distinguer, au moyen d'un trait-d'union, la préformante d'avec le verbe qui lui est adjoint :

A-pato, *courir à* ;
A-pagis, *se jeter à* ;
A-paiwe, *se réfugier* ;
In-we, *avoir la voix de, parler comme* ;
Inentir[illegible], *se conduire en* ;
Iji-[illegible], [illegible] ;
Ii-[illegible], [illegible] ;
mikiwaming apatoa, *cours à la maison* ;
apagiso ickotenc, *il se jette dans le feu* ;
wakaiganing apaiwe, *il se réfugie dans la tour* ;
maingan[illegible] inwe, *il a la voix d'un loup* ;
awesiising intitiso, *il se conduit en bête* ;
[illegible], *voilà ce qui se passe* ;
animoing ijipit, *ils boivent à la manière des chiens* ;

Anim-[illegible], [illegible] ;
Animosse, *s'en aller à pied* ;
Animi-pato, *s'en aller à la course* ;
Animiwe, [illegible] ;
Animi-wakesi, *s'en aller à la mer* ;
Animi-atakak, *s'en aller sur la glace* ;
Pimosse, *passer à pied, marcher* ;
Pimoso, [illegible] ;
Pimi-pato, *passer à la course* ;
Pimose, [illegible] ;
pimipahit, [illegible] ;
[illegible] ;
niisadjiwe, *descendre la côte* ;
ikwsandawe, *monter l'escalier* ;
nissandawe, *descendre l'escalier* ;
nisibon, [illegible] ;
nasaut, [illegible] ;
nisaie, [illegible] ;
nisatakak, *descendre sur la glace* ;
nisikose, *descendre à pied le long d'une rivière* ;

Pimiska, *passer en canot, naviguer*; nanaam, *croquer en canot*;
Nanaikose, *côtoyer une rivière, marcher sur le rivage en sens inverse du cours de l'eau*;
Nanaidjiwan, *la rivière* [illegible].

Dans tous les verbes ci-dessus et dans une foule d'autres, se rencontrent, comme on voit, deux éléments, la préformante et la racine verbale. Aucun de ces deux élements ne peut exister séparément : pour condition essentielle de leur existence, il faut qu'ils soient unis ensemble.

244. Mais il y a aussi des verbes dont la préformante peut subsister isolément, ce qui a lieu toutes les fois que cette préformante est, non plus une préposition, mais un nom ou un verbe, ou même un adverbe, un adjectif, une particule verbale, comme dans les exemples suivants :

Akimosa, *aller en raquettes*; minwandjike, *faire bonne chère*; nitawe, *être capable de parler*;
Tibikose, *marcher de nuit*; minoda, *être bien couché*; nitaose, *pouvoir marcher*;
Madjipato, *partir à la course*; gwaiakose, *marcher droit*; tepwe, *dire vrai*.
Kiwepato, *s'en retourner à la course*; gwaiakowe, *parler correctement*;

245. Un verbe peut avoir à la fois deux préformantes :

Animeakimose, *s'en aller en raquettes*; papamakimose, *se promener en raquettes*.

Certains verbes complets par eux-mêmes, peuvent prendre une préformante ; mais alors, cette préformante modifie un peu la signification :

Anoki, *travailler*, inanoki, *travailler d'une certaine manière*;
Aiatai, *c'est utile*; inaiatai, *c'est utile d'une certaine manière*.

246. *Verbes adformés.*—Ainsi se nomment les verbes formés à l'aide d'une adformante. Privées de ce secours, plusieurs racines verbales resteraient sans vie et sans valeur. Voici quelques exemples :

247. De la racine NICK— qui exprime l'idée de colère se forme le verbe nickih, *fâche-le, irrite-le*. Mais comme on peut fâcher quelqu'un par parole ou par action, de là l'emploi des adformantes M et S :

Ni nickima, *je l'irrite par parole*; Ni nickisa, *je l'irrite par action*, (en le poussant, en le tournant).

La lettre M, en sa qualité de labiale, indique admirablement le jeu des lèvres.

La lettre N, initiale du mot NINDJ, *main* et du mot NIK, *bras*, indique le jeu de ces deux principaux organes de nos actions.

248. La racine TANG— exprime l'idée de *tact, contact, attouchement* ; cette racine se trouve identique dans le latin, et là, il suffit de lui donner les désinences personnelles des divers temps : o, is, it..., ebam, ebas, ebat..., etc. En algonquin il faut de plus l'intervention de l'adformante qui vient s'intercaler entre la racine et la désinence personnelle :

Ni tangina, *je le touche de la main*.

Si c'est avec le pied, le verbe se formera à l'aide de l'adformante [illegible] laquelle sert à indiquer le jeu du pied :

Ni tangickawa, *je le touche avec le pied*.

Si c'est avec les dents, avec la bouche, pour former le verbe, on emploiera l'adformante AM

Ni tangama, *je le touche avec les dents, avec la bouche*.

249. La racine GYNO— correspond assez bien au [illegible] des Grecs ; elle peut recevoir plusieurs adformantes

a.) —ENIM, qui exprime l'idée d'*opération intellectuelle*.

Ni [illegible], *je le hais, mon esprit le repousse*.

b). Si c'est l'oreille qui se trouve choquée soit du discours, soit du chant de quelqu'un, la racine verbale prendra l'adformante T, qui étant l'initiale de TAWAK, *oreille*, indique très bien le jeu de cet organe :

Ni cingitawa, *je n'aime pas à l'entendre.*

c). Si c'est l'œil qui se trouve choqué à la vue d'un objet, la racine *cing* prendra l'adformante AB, empruntée au verbe WAB, I, voir :

Ni cingabama, *je n'aime pas à le voir.*

d). Si l'organe de l'odorat est offensé par quelque odeur, on adjoindra à *cing* l'adformante MAM qui sert à indiquer la sensation de l'odorat :

Ni cingamadan asema, *je n'aime pas l'odeur du tabac.*

e). Si c'est le goût qui se trouve contrarié, on emploiera l'adformante *p* qui en sa qualité de lettre palatale, paraît bien convenable pour désigner la sensation dont le palais de la bouche est l'organe principal :

Ni cingipwa kikons, *je n'aime pas le poisson ;* ni cingipidan pimite, *je n'aime pas la graisse.*

250. La racine TAKO— que l'on peut rapprocher du *take* des anglais, a besoin d'une adformante pour être admise dans le discours :

Ni takona, *je le prends avec la main ;* ni takwenima, *je le conçois, je le saisis par la pensée ;*
Ni takwamwa, *je le saisis avec les dents.*

251. OTAP— n'est pas synonyme de tako— bien qu'il se rende souvent en français par le verbe *prendre :*

Nind otapina, *je le prends dans ma main ;*
Nind otapamwa nind opwagan, *je reçois mon calumet entre mes dents.*

Il ne faut pas confondre les adformantes *m* et *am*. La première indique le jeu de la bouche en tant qu'organe de la parole. La seconde qui paraît être empruntée au verbe "nind AMWA," *je le mange*, indique le jeu de la bouche en tant qu'organe de la manducation, le jeu de la mâchoire dont le nom est "TAMIKAN."

252. Voici des exemples qui feront connaître l'usage que l'on peut faire de la racine PAN :

Ni panina, *je le manque*, il m'échappe des mains ;
Ni panickawa, *il échappe à mon pied, mes pieds ne peuvent l'atteindre, ou il s'échappe de dessous mes pieds ;*
Ni panabama, *je le perds de vue, il échappe à ma vue ;*
Ni panitawa, *je ne l'entends pas, sa voix n'arrive pas jusqu'à mon oreille ;*
Ni panamwa, *il m'échappe de la bouche, mes dents ne peuvent le saisir, le retenir.*

253. Il arrive souvent que des adformantes s'adjoignent à des verbes complets en eux-mêmes, à des verbes déjà formés. Ainsi de "ni tepwe," *je dis vrai*, on formera : "ni tepwetawa," *il dit vrai à mon oreille, je crois ce qu'il dit ;* ni tepwetenima, *je crois qu'il dit vrai, je le crois sincère.*

254. Un adverbe, une préposition, un adjectif, une préformante même peuvent recevoir et s'incorporer une adformante :

Ni tebima, *je dis la vérité sur son compte, ce que je dis de lui est vrai ;*
Kit onzamima, *tu lui en dis trop ;* ni minomama asema, *j'aime l'odeur du tabac ;*
Ondas nind onzabama, *je le vois d'ici ;* ni minopwa pakwejigan, *je trouve le pain bon ;*
Nind anamima, *je l'en détourne, je l'en dissuade ;* ni minomma, *je le mène aisément ;*
Ni minotawa, *je l'écoute avec plaisir ;* ni minwabama, *je le vois avec plaisir ;*
Nind inabama, *je le vois ainsi ;* nind inenima, *je pense ainsi de lui ;*
Ni minoma nitc andeciabe, *je dis du bien de mon prochain ;*
Ni minwenima, *j'ai de lui bonne opinion, je l'estime*, il me plaît, il me revient.

255. Il est encore d'autres afformantes, telles que -OM, -BIJ, -BIN, qu'il est bon de faire connaître :

a). Ni pimoma, *je le porte sur mon dos*; ni pitoma, *je l'apporte sur mon dos*;
Ni patoma, *il s'éloigne de devant mon dos*, *à l'inanimé*, pimondan, pitondan, pamondan.

b). Takobij, *lie-le, attache-le*; ni takobiton koko, *j'attache, je lie quelque chose*,
Ni takobina, *je le lie, je le tiens enchaîné*; takobico abinodjiwijic, *le petit enfant est au maillot*;
Wewenint takobite, *c'est bien lié, c'est attaché comme il faut*;
Kipobij, et à l'inanimé, kipobiton, *ferme-le au moyen d'un lien*;
Kipobiton mackimot, *ferme le sac*.

L'afformante -bij, *à l'animé*, biton, *au dépendant*, -bin, *et* -bite, exprime, comme on voit, l'idée de *lien* en général. Mais on l'emploie quelquefois au figuré :

Wikobij, *tire-le vers toi, tire-le de l'amorce*;
Ka ni wi ijasiuaban, nimo wikobinik, *je ne voulais pas y aller, il m'a entraîné*.

c). On a vu que *k* indiquait le jeu de la main ; l'afformante *bis* indique le mouvement vif, brusque du bras :

Kwekin, *tourne-le* (par un simple et léger mouvement de la main);
Kwekibin, *tourne-le* (avec le bras, en allongeant vite le bras);
Nind ajena, *je le recule avec la main*; nind ajebina, *je le recule avec le bras*.

CHAPITRE VIII. VERBES INSTRUMENTAUX ET VERBES À EFFET.

256. *Verbes instrumentaux.* — Ils sont de deux espèces : les uns se forment sur les verbes de *possession*, les autres sur ceux de *construction*.

a). Des verbes de possession, c'est-à-dire, des verbes dérivés du nom de la chose possédée on forme la première classe de verbes *instrumentaux* en ajoutant *nototo*, ou *notan* selon que le régime est du genre animé ou du genre inanimé. Voici quelques exemples :

Jezas ot owiiawinotawan pakwejiganabiwan, *Jésus change en son corps un pain qui n'en plus*;
Ot omiskwinotan ominikikiwan, *il change en son sang le vin qui n'est plus*.

Ces verbes, comme on voit, sont formés sur les verbes de possession :

Owiiawi, *avoir un corps*, omiskwi, *avoir du sang*.

Ces expressions françaises : « être la bonté même, être la malice incarnée, être la folie personnifiée » se rendent assez bien en algonquin par l'instrumental *owiiawinotan* :

Kije Manito ot owiiawinotan cawenindjikewin, *Dieu est la bonté même*;
Epite matcitcicpan, matcitcikewin ot owiiawinotan, kaawinitan ... Satanan, *au dessus de cet imposteur, il est la perversité même, tant il avait le cœur mauvais*;
Kit owiiawinotawa, kit oaat ... Matci Manito, *tu es démon, tu es le corps du démon*; (paroles d'injure qui ne sont pas encore totalement tombées en désuétude).

En algonquin se *masquer* c'est *convertir un vil papier en son visage* :

Oskinjik, *avoir un visage*; ... oskinjikonotanawa masinaiganin, *ils se sont masqués*.

b). Les verbes dérivés du nom de la chose construite se nomment verbes de *construction*. Tels sont : « mikiwamike, mikanake, tciimanike, akimike, pakwejiganike, makisinike, wiwakwanike, pakwejiganike, abwike, aswike, » *faire une maison, un chemin, un canot, des raquettes, un fusil, des souliers, un chapeau, du pain, un aviron, une flèche*.

257. Tous ces verbes de construction, de neutres qu'ils sont, peuvent devenir actifs, réfléchis, et revêtir toutes les formes des verbes ordinaires :

Ni mikiwamikawa, *je lui fais une maison ;* akimikawicin, *fais-moi des raquettes ;*
Ni tciimanikaw, *il me fait un canot ;* makisinikotatiso, *il se fait des souliers ;*
Anwikenaniwan, *on fabrique des flèches.*

258. Le verbe instrumental n'est jamais absolu, il a pour régime le nom de ce qui doit servir à construire la chose, exemples :

Voici un morceau de bois ; si je veux faire une flèche, un aviron, je dirai :

Ni wi anwiken, ni wi abwiken.

De plusieurs morceaux de bois si je veux faire autant de flèches, autant d'avirons, je dirai en employant le fréquentatif :

Ni wi aianwikenan, ni wi aiabwikenan.

Si c'est d'un petit arbre planté, ou de plusieurs, que je veuille me servir, je dirai :

Ni wi anwikena, ni wi abwikena ; ni wi aianwikenak, ni wi aiabwikenak.

Mikiwamikotatiso, *il se fait une maison ;*
O mikiwamikotatison kete mikiwamic, *d'une vieille maison il se fait une maison ;*
Okom mitikok, gaie okom napakisagok ki ni mikiwamikotatisonak, *de ces arbres debout et de ces madriers tu devrais te faire une maison.*

259. *Verbes à effet.*—Ce sont des verbes absolus qui, au moyen de certaines désinences, font connaître par quelle cause se produit tel ou tel effet :

a). -BI, *être ... par la boisson.*

Kiwackwebi, *être étourdi par la boisson, être ivre ;* minobi, *avoir bon vin, être gai dans l'ivresse ;*
Kawibi, *être abattu par la boisson, tomber d'ivresse ;* manjibi, *être méchant ayant bu ;*
Mokobi, *pleurer dans la boisson,* par l'effet de la boisson ;

Bi est la dernière syllabe du mot *nipi,* syllabe que l'on adoucie en changeant le *p* en *b.*

b). -ABAWE, *être ... par l'eau :*

Miwabawe, *être chassé par l'eau,* par la pluie ; nisabawe, *être tué par l'eau,* se noyer ;
Cabwabawe, *avoir ses habits percés par la pluie,* être percé jusqu'aux os ;
Tewikwetabawe, *avoir la migraine pour s'être mouillé.*

c). -AC, I, *être ... par le vent*

Takac, i, *être rafraîchi par le vent ;* webac, i, *être emporté par le vent ;*
Nakaiac, i, *être arrêté par le vent ;* kwanabac, i, *chavirer par la force du vent.*

-AC, I, se change en -ASIN, quand le verbe a pour sujet un nom du genre inanimé :

Webasin pingwi, *la poussière est emportée par le vent ;*
Tciman nakiasin, kwanabasin, *le vent arrête le canot, le fait chavirer.*

d). -ACK, O, *être ... par les vagues :*

Kindack, o, *être englouti par les flots ;* kiwackwebiack, o, *être étourdi par l'agitation des flots ;*
Kinack, o, *être empêché par les vagues ;* tetemagack, o, *éprouver le tangage,* être balancé par les vagues.

e). -AS, O, *être ... par le soleil.*

Ciwas, o, *être éblouï par le soleil ;* segas, o, *être effrayé par le soleil,* craindre le soleil ;
Tewikwetas, o, *souffrir d'un coup de soleil ;* kiwackwetas, o, *être étourdi par le soleil.*

f). -AWAS, O, *être ... par la chaleur :*

Abawas, o, *commencer à sentir la chaleur,* se réchauffer ; wakewawas, o, *être sensible au chaud ;*
Cibawas, o, *supporter la chaleur,* n'en être pas incommodé ; nanatawawas, o, *être accoutumé à la chaleur.*

Cette désinence a été empruntée au verbe [illegible], o, qui signifie *se chauffer près du feu*, et qu'il ne faut pas confondre avec AWASSANDEKE, *se chauffer au soleil*.

g). -SKIS, o, *être ... par le feu* :

Cibakis, o, *être difficile à brûler, dur à cuire* ; — tcagakis, *être consumé par le feu* ;
Wiaskakis, o, *souffrir d'une brûlure* ; — mekwakis, o, *pleurer de douleur par l'effet du feu*.

h). -ABAS, o, *être ... par la fumée* :

Cibabas, o, *pouvoir résister à la fumée* ; — wakowabas, o, *être facilement incommodé par la fumée* ;
Kipwanamabas, o, *être étouffé par la fumée* ; — kakipingwebabas, o, *être aveuglé par la fumée*.

i). -ATC, i, *être ... par le froid* :

Takatc, i, *être saisi par le froid* ; — nininagatc, i, *trembler de froid* ;
Kikatc, i, *être raidi par le froid* ; — wakowatc, i, *être frileux, sensible au froid*.

j). -TAM, *être ... par le bruit* :

Miwitam, *être chassé par le bruit* ; — tewikwetam, *avoir le mal de tête à cause du bruit* ;
Kiwackwetam, *être étourdi par le bruit* ; — wakewitam, *être sensible au bruit*.

k). -SOWAC, i, *être ... par le sommeil* :

Siningwac, i, *être fatigué par le sommeil* ; — wingiwac, i, *aimer à dormir, être dormeur* ;
Kawingwac, i, *succomber au sommeil* ; — wanimgwac, i, *être somnambule*.

l). -AKONE, *être ... par la neige* :

Miwakone, *être chassé par la neige* ; — indanakone, *rester exposé à la neige* ;
Cwakone, *être [illegible] par la neige* ; — nakakone, *être arrêté par la neige*.

m). -NE, *être ... par la maladie* :

Mokone, *pleurer par la violence du mal* ; — pinine, *être atteint d'une maladie de langueur* ;
Kawine, *succomber à la maladie* ; — kakanine, *être emporté par une courte maladie*.

n). -NOS, o, *être ... par l'odeur* :

Nisanos, o, *être tué [illegible] l'odeur* ; — wakewanos, o, *être sensible à l'odeur* ;
Nagatanos, o, *être accoutumé à l'odeur* ; — miwanos, o, *être chassé par l'odeur*.

o). -CIN, *être ... par une chûte* :

Kiwackwecin, *être étourdi par une chûte* ; — tatewikanecin, *avoir mal dans les os par suite d'une chûte* ;
Apiteicin, *être gisant par une chûte* ; — wisakicin, *souffrir, avoir le corps endolori pour être tombé* ;
Pikwikwanecin, *se casser le [illegible] en tombant* ; — kibitanecin, *saigner du nez pour être tombé*.

p). -KOS, o, *être ... par le choc ou par le poids d'un objet* :

Kawickos, o, *être abattu sous le poids d'un fardeau* ; — wisakickos, o, *souffrir d'une contusion, être meurtri* ;
Kiwackwekos, o, *être étourdi par le choc violent d'un corps*.

260. Plusieurs verbes à effet peuvent revêtir les diverses formes verbales, en voici un exemple :

Ki wi kiwackwebiz nangwana, *tu veux donc m'enivrer ?* — ningi kiwackwebanikonan, *on nous a enivrés* ;
O ki kiwackwebanan, *il l'a enivré* ; — kiwackwebanditizowak, *ils se soûlent eux-mêmes* ;
Ka kiwackwebanditiskon, *ne vous enivrez pas les uns les autres*.

CHAPITRE IX. VERBES ANOMAUX.

261. Sous ce titre de *verbes anomaux* nous comprendrons les verbes irréguliers, les verbes aphérésés et les verbes défectifs.

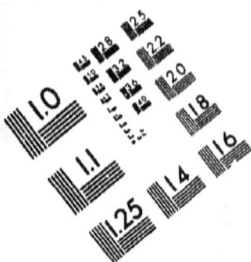

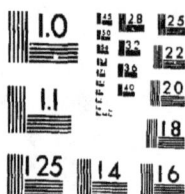

202. *Verbes irréguliers.*—La langue algonquine n'a pas, à proprement parler, de verbes irréguliers. Car, en dehors des particularités que présentent les verbes en *j* et en *ct*, nous n'avons plus qu'à mentionner ce qu'a d'exceptionnel le verbe IJI, dis-lui. La forme régulière de cette personne de l'impératif devrait être II, au lieu de *iji*; au dialogué, on dit KIT II, tu me dis. Le radical de ce verbe est tantôt *ij*, tantôt *in* : il se perd entièrement au réciproque et au réfléchi, ainsi qu'à l'indicatif passif et à la troisième personne du subjonctif passif. Dans ce cas, il ne reste plus au verbe que sa terminaison, laquelle du reste ne subit aucune altération.

ITAN est l'actif à régime inanimé de IJI; l'un et l'autre signifient indifféremment *dire à* et *dire de* :

Nind ina, *je lui dis ; je dis de lui ;* Kit inin, *je te dis ; je dis de toi ;*
Kit inak, *tu leur dis ; tu dis d'eux ;* nind ik, *il me dit ; il dit de moi ;*
Kit ijim, *vous me dites ; vous dites de moi ;* nind igok, *ils me disent ; ils disent de moi ;*
Iidizo, *il se dit ; il dit de lui-même ;*
Itiwok, *ils se disaient les uns aux autres ; ils disaient les uns des autres ;*
Jezos o ganonan kitci kami, et itan : kickowen, *Jésus parle à la mer, il lui dit : tais-toi ;*
Iki inâte Jezos ot ockinikimà : nipe Lazar, nipowin nipowin ot itan, *Jésus en disant à ses disciples : Lazare dort, appelle la mort un sommeil.*

203. *Verbes aphérésés.*—*Aphérèse* est un terme de grammaire employé pour signifier la suppression de la première syllabe d'un mot.

Les verbes algonquins qui sont frappés d'aphérèse, le sont à tous les temps composés, et en outre, à l'impératif, au subjonctif et aux troisièmes personnes de l'indicatif. Partout ailleurs, sauf une exception dont il sera parlé tout-à-l'heure, le verbe apparait dans son intégrité primitive.

Dans les verbes aphérésés, la syllabe supprimée est *in* pour l'indicatif; dans les modes qui reçoivent l'augment, *in* devient *en*, et dès-lors n'est plus soumis à l'aphérèse.

Voici quelques exemples :

a). TE, il est, il existe.

Nind inda,	*je suis ;*	nind indanaban,	*j'étais ;*
Kit inda,	*tu es ;*	kit indanaban,	*tu étais ;*
Te,	*il est ;*	teban,	*il était ;*
Nind indamin,	*nous sommes ;*	nind indaminaban,	*nous étions ;*
Kit indam,	*vous êtes ;*	kit indanawaban,	*vous étiez ;*
Tewak,	*ils sont ;*	tebanek,	*ils étaient.*
Taián,	*si je suis ;*	taiánaban,	*si j'étais ;*
Taian,	*si tu es ;*	taiánaban,	*si tu étais ;*
Tate,	*s'il est ;*	tapan,	*s'il était ;*
Taiang,	*si nous sommes ;*	taiangiban,	*si nous étions ;*
Taiank,		taiangoban,	
Taie,	*si vous êtes ;*	taiegoban,	*si vous étiez ;*
Tawate,	*s'ils sont ;*	tawapan,	*s'ils étaient.*
Endaian,	*où je suis, chez moi ;*	endaiánaban,	*à mon ancien logis ;*
Endaian, endön,	*chez toi ;*	endaiánaban,	*à ton ancien logis ;*
Endate,	*chez lui ;*	endapan,	*à son ancien logis ;*
Endaiang,	*chez nous ;*	endaiangiban,	*à notre ancien logis ;*
Endaiank,		endaiangoban,	
Endaiek,	*chez vous ;*	endaiegoban,	*à votre ancien logis ;*
Endawate,	*chez eux ;*	endawapan,	*à leur ancien logis.*
Ningi ta,	*j'ai existé ;*	ninga ki ta,	*j'aurais existé ;*
Ningi tanaban,	*j'avais existé ;*	ninda ta,	*j'existerais ;*
Ninga ta,	*j'existerai ;*	ninda ki ta,	*j'aurais existé.*

264. L'impératif *tan* est inusité ; mais il sert à former d'autres verbes aphérésés, tels que ceux-ci :

Tanaki, *être sur la terre, habiter ;* — tanwewa, *être entendu faisant du bruit quelque part ;*
Tanis, i, *demeurer, résider ;* — tanenim, *croire présent, penser qu'il y est.*

265. TE devient TAGON quand son sujet est du genre inanimé :

Tagon, *il y a ;* — tagonoban, *il y avait ;*
Tagonon, *il y en a ;* — tagondibanen, *il y en avait ;*
Endagok, *ce qu'il y a ;* — endagokiban, *ce qu'il y avait ;*
Wakwing enhagokin, *les choses du Ciel.*

b). TOWA, être ainsi, agir de telle façon.

INDICATIF		SUBJONCTIF	
Présent :	*Imparfait :*	*Présent :*	*Imparfait :*
Nind int,	Nind indinaban,	Tiiân,	Tiiânbân,
kit int,	kit indinaban,	tiiân,	tiiânbân,
towa,	tobans	tite,	tipan,
nind indimin,	nind indimaaban,	tiiang,	tiiangiban,
kit indim,	kit indimawaban,	tiiang,	tiiangoban,
towak,	tobanek.	tiegs,	tiegoban,
		towate,	towapan.

IMPÉRATIF	
Présent :	*Futur :*
Tin,	Tikan,
tim,	tikanz,
tik,	tikeg.

Avec l'augment on obtient

Endiiân, endiiân, endite, *etc. ;* — Endiiânbân, endiiânbân, endipan, *etc.*

Pour le participe pluriel, on dira :

Endijik, endipanek, endogobanenak.

266. Il y a plusieurs remarques à faire sur le verbe *towa* : voici d'abord comment on conjugait autrefois le présent de l'indicatif, on disait :

Nind int, kit int, indo, nind indimin, kit indim, indowak.

Alors le verbe était régulier, et c'est de sa troisième personne *indo* que s'est formé le nom verbal *indowin.*

En vertu de l'aphérèse, *indo* et *indowak* ont été réduits à TO et TOWAK. Puis peu-à-peu *to* s'est transformé en *towa* par une sorte de sympathie pour son pluriel *towak.*

Aux temps composés de l'indicatif, la première et la deuxième personne du singulier bien loin d'admettre l'aphérèse, doublent au contraire leur première syllabe et l'on dit :

Ningi indint, — nimat indint, — nind ta indint, — ki ki indint, — ki gat indint, — ki ta indint.

267. Cette étrange particularité se remarque dans les verbes composés de *towa*. Ainsi on dit :

Ni pata indint, *je pèche ;* — ki pata indint, *tu pèches ;*

On peut dire aussi : " ni patat, ki patat." Les autres personnes sont :

Ni patatimin, *nous péchons ;* — ki patatim, *vous péchez ;*
Patatowa, *il pèche ;* — patatowak, *ils pèchent.*

Du verbe TO, (forme primitive de *towa*) dérivent les verbes aphérésés :

Totam, totage, totaw, totan, totagemagat.

268. Ceux-ci se dépouillent partout de leur première syllabe, excepté aux modes qui réclament l'augment :

Ni totam endotaman, *je fais comme tu fais ;* ni totawa endotawitr, *je le traite comme il me traite ;*
Mi endotageinagak patatowin, *voilà ce que fait le péché ;* Ilsa endotangik, *ceux qui font cela ;*
Tasin endotanagen, *toutes les fois que vous agissez de la sorte ;*
Endotonagok ini ko totatieg, *comme j'agis envers vous, c'est ainsi que vous agissez les uns envers les autres.*

c). TATOI, *être tant, être en tel nombre.*

Ce verbe n'a pas de singulier, et à moins de se composer avec un nom de nombre, ne s'emploie guère à l'indicatif.

Anin endateieg ! *Combien êtes-vous !* Anin ka tateieg ? *Combien êtes-vous !*
Pejik endateiang, *un d'entre nous ;* pejik endateiwate, *un d'entre eux.*

269. On disait autrefois :

Nind indateimin, *nous sommes en tel nombre ;* kit indateim, *vous êtes en tel nombre ;*
indateiwak, *ils sont en tel nombre.*

On peut le dire encore pourvu qu'on ait soin d'exprimer un terme de comparaison :

Endateiog kinawa nind indateimin, *nous sommes aussi nombreux que vous ;*
Endateiwapan kekat kit indateim, *vous êtes presque aussi nombreux qu'ils l'étaient ;*
Kinawint endateiangoban kinawe indateiwak nongom, *ils sont maintenant en plus grand nombre que nous n'étions nous.*

d). TAJIKE et quelques autres verbes qui en sont formés.

270. C'est de l'adverbe *daji* aphérésé de *indaji* que dérivent ces verbes. Ils ne recouvrent ordinairement leur première syllabe qu'aux modes susceptibles de l'augment :

Ni tajike endajikepan, *je suis dans l'endroit où il était ;*
Ki tajikenaban endajikeian, *tu étais dans la place où je suis ;*
Kinowenj-ina, kit inendam, kata tajikek nongom endajikedjik ? *Ceux qui y sont maintenant, penses-vous qu'ils y restent longtemps ?*
Kin tajikaw abinodjensak, nin idac kitikan ninga tajikan, *toi, occupe-toi des petits enfants, et moi je m'occuperai au champ.*

271. L'aphérèse exerce à peu près la même influence sur les verbes suivants :

Tapine, *mourir là ;* tajita, *travailler là ;* tajibi, *écrire en tel lieu ;* tajim, *parler sur son compte ;*
Nin-ina kit indajim ? *est-ce de moi que tu parles ?*
Kaw ; ki nidjanisak nind indajimak, *non ; je parle de tes enfants ;*
Monjak ni tajimigonan, *on parle toujours de nous, nous sommes sans cesse en butte à la calomnie.*

272. *Verbes défectifs.*—Le verbe aphérésé *towa* dont on vient de parler, nous fournit trois verbes défectifs :

a). Andowa ? *où est-il ?* andowak ? *où sont-ils ?*

Ce verbe composé, comme on voit, de *andi* et de *towa*, n'est plus guère employé ; on dit à présent : " andi ij apite ? andi endanisite ? andi ij apiwate ? andi endanisiwate ?

b). Mindowa, *il en est,* il est de cette sorte, c'en est un ; mindowak, *ils en sont,* ils en font partie ;
mindowitok, *peut-être qu'il appartient à cette classe,* catégorie, bande, tribu, nation, &c.
Aganeciak-ina okoni ?—Mindowitokenak, *sont-ce des Anglais ?—Je crois que oui.*

On reconnait ici la particule *mi*, jointe au verbe *towa*, d'abord dans sa forme affirmative, puis dans sa forme dubitative.

c). Ningotowitok, ningotowitokenak, *il lui, il leur est arrivé peut-être quelque accident.*

C'est ici le mot *ningo* dont il a été question au chapitre des noms de nombre, qui est joint au dubitatif du verbe *towa, towak.*

d). Ningotawasitok, *heureux celui qui, oh! qu'il doit-être heureux!*

Ce verbe est composé de *ningot*, et de la racine verbale *awas, i*, qui se retrouve dans les verbes "minawas, i," *se réjouir, être dans la joie* et "onawas, i," *être chanceux, réussir.*

Au pluriel, on dit "Ningotawasingwa" plutôt que *ningotawasitokenak.*

e). Kwatisiân, *je ne suis pas digne, capable.*

C'est le *subjonctif avec augment* du verbe inusité *kotis, i.*

Les autres personnes sont "kwatisiân, kwatisite, kwatisi.. âng, âng, eg, wate."

Si le sujet est de genre inanimé, du verbe inusité *ketat* on forme "kwatak," *ce n'est pas digne, capable.*

f). Iwa, *dit-il*; iwiban, *disait-il*; iwak, *disent-ils*; iwibanek, *disaient-ils*;
Iwitok, *dit-il peut-être*; iwitokenak, *disent-ils peut-être*;

g). Kit aweniw, Kit awekweniw, } *qui es-tu?* kit aweniwim, kit awekweniwim, } *qui êtes-vous?*
Aweniwite, Awekweniwite, } *qui est-il?* aweniwiwate, awekweniwiwate, } *qui sont-ils?*

Chapitre X. Verbes Composés.

273. Il y a plusieurs sortes de verbes composés, voici les principales :

a). Les expressions suivantes : *faire le malade, le dévot, contrefaire le sourd, l'aveugle, faire semblant d'être mort, &c.*, s'expriment en algonquin au moyen d'un verbe composé : Akosikas, o, aiamiekas, o, kakipicekas, o, kakipingwekas, o, nipokas, o, &c...

Le verbe qui exprime l'action simulée, reste invariablement à la troisième personne du présent de l'indicatif, et il est toujours placé en avant.

Le verbe qui exprime la simulation, est le seul qui se conjugue :

Nind ojimokas, *je fais semblant de fuir*; anwenindizokazoban, *il faisait semblant de se repentir*;
Mawikaso, *il fait semblant de pleurer*; eiamiekazodjik, *les faux dévots, les hypocrites*;
Aiakosikazowin, *comme quelqu'un qui fait semblant d'être malade.*

La modification que l'on remarque dans l'initiale des deux derniers verbes est due à l'augment qu'exigent toujours le participe et le gérondif.

274. Le verbe "kas, o," peut s'unir aussi à un nom :

Abinotenjikas, o, *faire l'enfant*; okimakas, o, *feindre d'être roi; jouer le rôle de roi*;
Wi okimakwekaso *elle veut faire la reine; elle veut se faire passer pour reine*;
Inawa! Inam ikwesinsle wa kitci kikangokasote! *voyez donc! cette petite fillette qui veut faire la grande fille.*

b). Nos verbes *envoyer, renvoyer, chasser, expédier*, peuvent se rendre élégamment en algonquin, au moyen de verbes composés de la racine d'un verbe de mouvement, comme "Kiwe, iji, madji," etc., et de la racine d'un verbe actif incomplet, comme "-najaw, -nijaw, -najikaw."

275. -Najaw s'ajoute au verbe de mouvement et se rend littéralement en français par le verbe *faire* :

Madjinajaw, *fais-le partir*, envoie-le; kiwenajaw, *fais-le retourner*, renvoie-le;
Indi nind ijinajawa, *je le fais aller là*, je l'envoie là; ni pite ijinajakoga, *on m'envoie ici*;
Otenang ijinajaw, *fais-le aller à la ville*, envoie-le à la ville;
Pite ijinajawakegwa ki nidjanisiwak kitci kikinoamawindwa, *envoyez-nous vos enfants pour qu'ils soient instruits.*

276. —NIJAV a la même valeur que *najar*, et se joint de préférence, à d'autres verbes de mouvement :

Pindikenijav, *fais-le entrer*, envoie-le dedans ; kokinijav, *fais-le plonger*, envoie-le dans l'eau ;
Kopinijav, *fais-le s'éloigner de l'eau*, *fais-lui quitter le rivage*, envoie-le dans les terres ;
Iespimisagong ikwandawenijav, *fais-le monter au grenier*, envoie-le au galetas ;
Anakabing nisandawenijav, *fais-le descendre*, *envoie-le à la cave*.

277. —NAJIKAW s'emploie quand il doit y avoir rapidité dans le mouvement :

Madjinajikaw, *fais-le partir vite* ; ni madjinajikawak, *je les expédie promptement* ;
Nikaninajikaw, *fais-le vite marcher devant*, envoie-le vite en avant ;
Sakitcinajikawik, *faites-le sortir vite*, mettez-le vite à la porte.

c). Les noms des parties du corps donnent lieu à la formation d'un grand nombre de verbes composés ; déjà on a eu l'occasion d'en faire connaître quelques uns, en voici d'autres qui offrent cela de particulier, que le nom se trouve enclavé dans le verbe :

278. Ni sakitawakona maingan, *je tiens le loup par les oreilles* ;
Sakinindjinitik, *tenez-vous l'un l'autre par la main* ; otcisizipin [illegible], o, *avoir la crampe au pied* ;
Nominganeniudizo, *il se graisse le visage* ; pitakositcin, *se heurter le pied en marchant* ;
Mankawadjingwewatci, *il a le visage gelé* ; ni sakinikenik, *il me prend par le bras* ;
Sakikwekomo, *il a la tête hors de l'eau* ; ki caganikatekaze, *il s'est levé la jambe* ;
Ki kiekikwchigamiwi, *il eut la tête tranchée* ; o ka kiekikatejwawan, *ils lui coupèrent la jambe* ;
Ni kotikonikecin, *je me disloque le bras en tombant* ;
Songidekawicin kiwi widjitehiminan, *fortifiez-vous le cœur afin que j'aie un cœur pareil au lieu*.

d). Les verbes suivants ne s'appliquent qu'aux mères :

Nikiawas, o, *accoucher*, donner naissance à un enfant ; wesihitawas, o, *laver son enfant* ;
Nonawas, o, *allaiter son enfant* ; nikamawas, o, *chanter pour endormir son enfant* ;
Takonawas, o, *tenir son enfant* ; kijatawas, o, *avoir soin de son enfant* ;
Pimonawas, o, *porter son enfant sur son dos* ; kipiswas, o, *délivrer son enfant*.

279. Quelques-uns de ces verbes se disent également des femelles des animaux

Wewenint kiy tawaso pakahakwan, kipiawase, *la poule a bien soin de ses poussins, elle les défend* ;
Kinoenj nonawa o nonjasim, *la chienne allaite longtemps ses petits*.

e). Il y a des verbes neutres qui ne s'emploient qu'à la troisième personne du pluriel et dont le sujet de genre animé, est toujours sous-entendu. Ce sujet est le mot OXTUIKIK, *les tonnerres* ;[1]

Pankiwewanok, *ils éclatent* ; odjanimakwaanok, *ils font un bruit épouvantable* ;
Wawasaanok, *ils lancent des éclairs* ; tabasakwaanok, *ils sont bas, ils s'approchent, ils vont éclater* ;
Cawanaanok, *ils grondent dans le Sud* ; kiwetinaanok, *ils grondent dans le Nord*.

CHAPITRE XI. SUPPLÉMENT AUX CONJUGAISONS PRÉCÉDENTES.

280. C'est à dessein que nous avons omis dans le tableau des conjugaisons, l'*obviatif* ainsi que le *passé-éloigné*. Il est maintenant à propos de les faire connaître, en commençant par l'obviatif

281. Nous avons vu, au chapitre du nom, comment *a* servait de signe à l'obviatif et comment *ni* sert à distinguer l'obviatif du sur-obviatif. Mais il n'en est pas tout-à-fait de

[1] Voyez "Lexique de la langue algonquine," au mot OXTUIKI.

même, quand il s'agit de l'obviatif des verbes, et nous allons voir que le *ni* est le plus souvent employé dans les conjugaisons verbales pour marquer le simple obviatif, et qu'il est rarement le signe du sur-obviatif.

282. Dans l'état actuel de la langue, l'obviatif verbal est presque toujours le même au singulier et au pluriel ; ainsi on dira à l'obviatif :

NESEN, { *il respire ;* / *ils respirent ;*   NESENIBAN, { *il respirait ;* / *ils respiraient.*

O pibanossan kitci tagocinimite, *il attend que son père arrive ;*
O piba onidjanisa kitci tagocinimite, *il attend que ses enfants arrivent ;*
Kitci okima o naspanoman nitam tagocinimidjin, *le roi récompense le premier arrivant.*

283. On vient de voir l'obviatif dans les verbes absolus à sujet de genre animé ; voyons-le maintenant dans ceux dont le sujet est de genre inanimé et auxquels nous avons donné le nom de verbes unipersonnels :

Atení, onicicini, sanatini o wiwakwan, *il est là, il est joli, il est cher son chapeau ;*
O makisinan ateniwan, onicicinisiwan, sanatiniwan, *ses souliers sont là, sont jolis, sont chers ;*
Onzam sanatinik, kawin o ka kicpinatosin, *il est trop cher, il ne l'achètera* [illegible]
Aiate wenicicinikin ot atawanan kitci atawewinini, *le gros marchand vend toutes sortes de belles choses.*

284. Pour l'absolu passif, la forme est différente :

Sakihiman o kwisisan, *son fils est aimé ;*
Sakihimindiban, *si on le lui aimait ;*
sakihiminte, *s'il est aimé, si on le lui aime ;*
saiakihimindjin o kwisisan, *son fils qui est aimé, qu'on aime.*

285. Pour les verbes relatifs, soit actifs soit passifs, c'est toujours *ni* qui est la forme de l'obviatif, quand il y a concours de trois troisièmes personnes ; c'est alors le cas du sur-obviatif :

O kwisisan o sakihanini, *son fils l'aime ;*
.... o sakihigonini, *son fils en est aimé ;*
.... sakihanite, *si son fils l'aime ;*
o kwisisan sakihigonite, *si son fils en est aimé ;*
.... saiakihanidjin, *son fils qui l'aime ;*
.... saiakihigonidjin, *son fils qui en est aimé.*

Il en est de même pour les verbes à régime inanimé :

O sakitonini, sakitonite, saiakitonidjin, (son fils) *aime cela, s'il aime cela, son fils qui aime cela.*

286. La forme du passé-éloigné dans les verbes est ..GOBAN, ..GWABAN pour l'indicatif, ..GOBANEN, ..WAGOBANEN pour le subjonctif et pour le participe pluriel, ..GOBANENAK.

Pizindawada ekitogobanen Jezos, ikitogoban, *écoutons ce que disait Jésus, il disait ;*
Songs nanimagwatan nitam ninagogobanenak, *ils prièrent fortement les premiers parents ;*
Mi ekitowagobanen nakan kikenimdamogobanenak, *voilà ce que disaient les anciens prophètes.*

On voit dans le premier exemple, le subjonctif et l'indicatif ; dans le deuxième, l'indicatif et le participe ; dans le troisième, le subjonctif avec le participe.

Dans les deux derniers exemples, les mots sont au pluriel, on voit la différence de forme dans les deux nombres.

A l'obviatif de l'indicatif, le pluriel ne diffère en rien du singulier :

Izaak nijhinɡoban o kwisisa, *Isaac avait deux fils,* (litt. Isaac deux ils étaient ses fils) ;
Pejik o kwisiban Jakob ijinikazoniɡoban, *l'un de ses fils se nommait Jacob.*

C'est toujours *nigoban*, au pluriel comme au singulier.

L'obviatif du participe *gobanenik* est *nigobanenik* :

Monjak sanmiak, inagoban Jezos [illegible], *ne cessez pas de prier, disait Jésus aux premiers fidèles.*

287. Dans les verbes relatifs, la forme est encore la même : *goban, gwaban* et à l'obviatif, *nigoban*.

Jakob kitci sakihagoban o kwisisan, *Jacob aimait beaucoup son fils ;*
Kinowij mawimagoban o kwisisan, *longtemps il pleura son fils perdu ;*
Tabiskotc mockinebkatogwaban Mino Manitoan, *ils étaient également remplis du Saint-Esprit ;*
Jezos ot [illegible] [illegible], *les Disciples de Jésus ...rent çà et là les habitants de la Judée.*

288. Dans les exemples précédents on remarquera la suppression du préfixe *o*, signe de la troisième personne. C'est ce qui a lieu au passé-éloigné de l'indicatif de tout verbe relatif, soit actif soit passif : "sakihagoban," *il l'aimait*, sakihigogoban, *il en était aimé*. Au contraire, le signe est indispensable au présent et au passé-prochain, et l'on doit dire : "o sakihan," *il l'aime*, o sakihabanen, *il l'aimait* ; o sakihigon *il en est aimé* ; o sakihigobanen, *il en était aimé*.

289. Une remarque importante à faire touchant le passé-éloigné des noms, c'est que l'on ne peut pas dire à la troisième personne : *o micomisigobanen*, comme on dit : "ni micomisigoban, ki micomisigoban." A la troisième personne, le nom de parenté doit toujours se verbifier, et ainsi l'on devra dire : "ij omicomisigobanen."

Fanuel [illegible] ij [illegible], *Phanuel était le nom du père d'Anne, la prophétesse.*

CHAPITRE XII. LE DUBITATIF DANS LES VERBES ET AUTRES PARTIES DU DISCOURS

290. C'est par des exemples que nous allons faire connaître ce qu'il faut entendre par *Dubitatif* dans les mots algonquins.

Voici d'abord deux phrases où se trouvent réunis le dubitatif d'un nom et le dubitatif d'un verbe ; on verra que la forme des deux dubitatifs est absolument semblable soit pour le genre animé soit pour le genre inanimé :

Awenen dac aatc aweia nemotapitc ? niwi awemátok ni wabamatok, *quelle est donc cette personne assise là-bas ? c'est peut-être mon frère que je vois, ce me semble.*
Ni wabandan keko [illegible] akaw, ni teminatok ni wabandanatok, *c'est peut-être mon champ que je vois peut-être là-bas près du rivage.*

291. Mettons maintenant en parallèle le verbe et le nom avec toutes leurs personnes et nous aurons :

GENRE ANIMÉ		GENRE INANIMÉ	
Singulier.		*Singulier.*	
Ni wabamatok,	Nind awematok,	Ni wabandanatok,	Ni temanatok,
ki wabamatok,	ki awematok,	ki wabandanatok,	ki temanatok,
o wabamatokenan,	ot awematokenan,	o wabandanatok,	o temanatok,
ni wabamanatok,	nind awemanatok,	ni wabandamanatok,	ni temananatok,
ki wabamanatok,	ki awemanatok,	ki wabandamanatok,	ki temananatok,
o wabamawatokenan,	ot awemawatokenan,	o wabandamowatok,	o temanawatok,

Pluriel.		*Pluriel.*	
Ni wabamanaikonak,	Nind awetamakonak,	Ni wabandanaitokenan,	Ni teimanitokenan,
ki wabamanaikonak,	ki awetamakonak,	ki wabandanaitokenan,	ki teimanitokenan,
o wabamatokenan,	o awetamatokenan,	o wabandanatokenan,	o teimanitokenan,
ni wabamanaitokenak,	nind awetamanaitokenak,	ni wabandanaitokenan,	ni teimanaitokenan,
ki wabamanaitokenak,	ki awetamanaitokenak,	ki wabandanaitokenan,	ki teimanaitokenan,
o wabamawatokenan,	o awetamawatokenan,	o wabandanawatokenan,	o teimanawatokenan.

292. Le dubitatif n'affecte pas seulement les verbes relatifs soit actifs soit passifs, il peut les affecter tous sans exception ; nous allons donner quelques exemples, et d'abord prenons un verbe absolu, le futur simple du verbe neutre *mourir* ; cette phrase "je mourrai peut-être bientôt " se rendra par celle-ci " wibate ninga nipomitok."

Au futur passé de ce verbe on dira :

Ninga ki nipomitok, *je serai peut-être mort ;*
ki ga ki nipomitok, *tu seras peut-être mort ;*
ta ki nipotok, *il sera peut-être mort ;*
Ninga ki nipomimitok, *nous serons peut-être morts ;*
ki ga ki nipomiwatok, *vous serez peut-être morts ;*
ta ki nipotokenak, *ils seront peut-être morts.*

VERBES UNIPERSONNELS.

293. Aietok mas aikan, *la terre y est peut-être ;* kata kimiwanotok, *il pleuvra peut-être ;*
Aietokenan et par abréviation aiebikan, *ils y sont peut-être.*

A l'obviatif on fera les changements suivants :

Aiewiwitok o masinaigan, *son livre y est peut-être ;* aiewiwitokenan o masinaiganan, *ses livres y sont peut-être ;*
Kata kimiwanowitok apite ka madjate, *il pleuvra peut-être quand il partira.*

294. Il n'y a pas de forme dubitative pour l'imparfait de l'indicatif, on y supplée au moyen d'un adverbe :

Akosiban koni, *il était peut-être malade ;* Ki nipobanek kamalate, *ils étaient peut-être morts.*

Les conjugaisons dubitatives n'ont ni impératif, ni eventuel, ni gérondif.

Voici quelques exemples de l'emploi du dubitatif au subjonctif et au participe ; on verra que dans ces deux modes la forme diffère entièrement de celle de l'indicatif ; le sens en est aussi un peu différent, c'est plutôt l'ignorance que le doute qu'exprime la forme dubitative du subjonctif et du participe :

Ketina ni kikeninidan ket ikitowban.	*est-ce que je sais ce que je dirai ?*
Ketina ki kikeninidan ket ikitowban.	*est-ce que tu sais ce que tu diras ?*
Ketina o kikeninidan ket ikitokwen.	*est-ce qu'il sait ce qu'il dira ?*
Ketina ni kikeninidanaman ket ikitowangen, }	*est-ce que nous savons ce que nous dirons ?*
Ketina ki kikeninidanaman ket ikitowangen, }	
Ketina ki kikeninidanawa ket ikitoweguen,	*est-ce que vous savez ce que vous direz ?*
Ketina o kikeninidanawa ket ikitowagwen.	*est-ce qu'ils savent ce qu'ils diront ?*

La forme simple du subjonctif serait "ikitoian, -ian, -te, { -iang, -iang, } -ieg, -wate." On voit clairement le changement qu'est venu y produire le dubitatif.

295. Le subjonctif dubitatif des verbes à régime animé est un peu différent, nous allons conjuguer parallèlement les subjonctifs, actifs et passifs du verbe *aimer* :

ACTIF :		PASSIF :	
Régime singulier.	*Régime pluriel.*	*Régime singulier.*	*Régime pluriel.*
Saiakihagwen,	Saiakihagwenan,	Saiakihikwen,	Saiakihikwenan,
saiakihadwen	saiakihadwenan,	saiakihinikwen,	saiakihinikwenan,

saiakih*akwen*,	saiakih*akwen*,	saiakih*igokwen*,	saiakih*igokwen*,
saiakih*awangiten*, }	saiakih*awangitwawen*, }	saiakih*iiaminaden*, }	saiakih*iiminadwawen*, }
saiakih*awangwen*, }	saiakih*awangwawen*, }	saiakih*inanngwen*, }	saiakih*inonangwawen*, }
saiakih*awegwen*,	saiakih*awegwawen*,	saiakih*inawgwen*,	saiakih*inawgwawen*,
saiakih*awakwen*,	saiakih*awakwen*.	saiakih*igwakwen*,	saiakih*igwakwen*.

296. **Au dubitatif, le présent du subjonctif prend toujours l'augment, comme on vient de le voir dans le tableau précédent, en voici deux exemples tirés de l'Evangile :**

a). Dans le désert, le tentateur ose s'approcher du Sauveur du monde, et lui dire : " Keget Kije Manito woiosimawaten, ..." *si vraiment tu es le fils de Dieu ce que j'ignore, ce dont je doute...*

b). Au Calvaire, Jésus sur la croix est insulté, on lui dit : " Keget tebeninmawatwawen Jodawini niwak, ..." *si réellement tu es le roi des Juifs, ce que nous ne saurions croire...*

On voit par ces exemples l'idée qu'il faut se faire du dubitatif algonquin, et comme, à lui seul, il suffit quelquefois à rendre tout un long membre de phrase.

297. Le participe ne diffère du subjonctif qu'à la troisième personne du pluriel, quand le régime est au singulier ; mais s'il est au pluriel, il y a encore d'autres différences que nous allons faire connaître :

Saiakihawakin,	*celui que j'aime peut-être ;*	Saiakihawakenak,	*ceux que j'aime peut-être ;*
saiakihawaten,	*celui que tu aimes peut-être ;*	saiakihawatenak,	*ceux que tu aimes peut-être ;*
saiakihakwen,	*celui qu'il aime peut-être ;*	saiakihakwenà,	*ceux qu'il aime peut-être ;*
saiakihawangiten, }	*celui que nous aimons peut-être ;*	saiakihawangitenak, }	*ceux que nous aimons peut-être ;*
saiakihawangwen, }		saiakihawangwenak, }	
saiakihawegwen,	*celui que vous aimez peut-être ;*	saiakihawegwenak,	*ceux que vous aimez peut-être ;*
saiakihakwenak,	*celui qu'ils aiment peut-être.*	saiakihawakwenà,	*ceux qu'ils aiment peut-être.*

298. Mêmes ressemblances et mêmes différences pour la voix passive ; inutile de nous arrêter plus longtemps au présent du subjonctif et du participe, passons vite à l'imparfait de ces deux modes :

SUBJONCTIF.

Régime singulier.	*Régime pluriel.*
Saiakihawakibanen	......awakwabanen
.......awatibanen	......awatwabanen
.......agobanen	......agobanen
.......awangitibanen }	......awangitwabanen }
.......awangobanen }	......awangwabanen }
.......awegobanen	......awegwabanen
.......awagobanen,	......awagobanen.

298. Le sens de ce subjonctif est *si je l'aimais peut-être, si tu...&c.*, et au pluriel, *si je les aimais peut-être, si tu...&c.*

Le participe ne diffère du subjonctif qu'à la troisième personne du pluriel :

Saiakihawagobanenak, *ceux qui le ou les aimaient peut-être.*

Une chose digne de remarque, c'est qu'on se sert du passé-éloigné pour les troisièmes personnes du dubitatif passé du subjonctif et du participe : ..*gobanen*, ..*gobanenak*.

299. Les pronoms NIN, KIN, WIN, &c., peuvent se mettre au dubitatif de cette manière :

Ninitok,	*moi peut-être ;*	kinitok,	*toi peut-être ;*	winitok,	*lui peut-être.*

Le dubitatif des pronoms interrogatifs peut s'exprimer de deux manières :

a). En changeant AWENEN en *awekwen*, AWENENAK en *awekwenak*, WEKONEN en *wekotokwen*.
b). En surajoutant la forme *tok* à la forme *kwen*, exemples :

Awenen iaam pabâmosete? *qui est celui qui vient par ici?* A cette question on peut répondre par un seul mot qui équivaut à notre phrase française *je n'en sais rien;* ce mot est le pronom dubitatif AWEKWEN ou *awekwenitok*.

Awenenak ekon patrimosedjik, *qui sont ceux qui viennent par ici?* { Awekwenak, awekwenitokenak, } *je n'en sais rien.*

Wekonen seni? *Qu'est-ce que c'est.* { Wekotokwen, wekotokwenitok, } *je n'en sais rien.*

300. On voit par ces exemples que ce que nous appelons *dubitatif* exprime ici l'ignorance plutot que le doute. C'est ce qui a lieu du reste assez souvent dans le dubitatif des verbes en dehors de l'indicatif :

Anin endite aiakosite? *comment est le malade.* { Endokwen, Endowakwen, } *je n'en sais rien.*
Anin endowate aiakosidjik? *comment sont les malades.*

Ces formes dubitatives servent merveilleusement comme on voit, quand on veut faire une réponse courte.

ENDOKWEN tient lieu ici de cette longue phrase : "kawin ni kikendanasiwa anin endite aiakosite," *je ne sais pas comment est le malade ;*

ENDOWAKWEN est pour "kawin ni kikendanasiwak anin endowate aiakosidjik," *je ne sais pas comment sont les malades.*

301. Les adverbes d'interrogation ANDI? ANIN? ANDAPITE? prennent la forme *tok* du dubitatif, et servent alors de réponse à la question quand on ignore la chose qui est demandée :

Andi k'os? andi ki nikihigok? *où est ton père? où sont tes parents?*

Si l'enfant ne le sait pas, il répondra par un simple *anditok* à la double question qui lui est adressée.

Anin ejinikasote iaam pitcinak ka tagoding? aninitok, *comment se nomme celui qui vient d'arriver? Comment? je ne sais pas.*

Andapite ke madjian? Andapitetok, *quand partiras-tu? Je ne sais pas.*

Kakina ki ga nipomin, aninitok, anditok, andapitetok, *tous nous mourrons, comment, où, quand, nous n'en savons rien.*

CHAPITRE XIII CONJUGAISONS NÉGATIVES.

302. Les conjugaisons que l'on a vues jusqu'à présent, pourraient s'appeler *conjugaisons affirmatives* par opposition aux *conjugaisons négatives* qui sont celles où le verbe étant accompagné d'une négation, prend en conséquence une forme différente de la forme ordinaire :

Ikito,	*il dit ;*	ka ikitosi,	*il ne dit pas ;*
Ikitonaniwan,	*on dit ;*	ka ikitonaniwansinon,	*on ne dit pas ;*
Nind ikitomin,	*nous disons ;*	ka nind ikitosimin,	*nous ne disons pas ;*
Nind ina,	*je lui dis ;*	ka nind inasiwa,	*je ne lui dis pas ;*
Nind ik,	*il me dit ;*	ka nind igosi,	*il ne me dit pas ;*
Kit inin,	*je te dis ;*	ka kit ininsinon,	*je ne te dis pas ;*
Kit ij,	*tu me dis ;*	ka kit ijisi,	*tu ne me dis pas ;*
Pikocka,	*c'est cassé ;*	ka pikockasinon,	*ce n'est pas cassé.*

303. Comme on le voit par ces exemples, *si* est la marque du négatif au mode indicatif. Il en est de même pour les autres modes, sauf à la seconde personne du présent de l'impératif, où la forme du négatif est en *ken* pour le singulier, en *kekon* pour le pluriel :

Ikiton, *dis ;* **ka ikitoken,** *ne dis pas ;* **ikitok,** *dites ;* **ka ikitokekon,** *ne dites pas.*

Le *si* revient à la première personne du pluriel :

Ikitota, *disons ;* **ka ikitosita,** *ne disons pas.*

304. Certains verbes ont à l'impératif une troisième personne du singulier, laquelle est toujours terminée en *siwite :*

Ka ikitosiwite awiia, *que personne ne dise ;* **ka nickatisisiwite ki kwisis,** *que ton fils ne se fâche pas ;*
Ka manatwesiwite, *qu'il ne dise pas de mauvaises paroles.*

305. En présence du subjonctif et des modes qui en dépendent, la négation n'est plus *ka* ou *kawin* comme devant l'indicatif et l'impératif, mais bien *eka :*

Eka pizindausiwan, ki ga pakitehon, *si tu n'écoute pas, je te frapperai ;*
Eka papamitawasiwite ki djodjo, ki ga pasanjehok, *si tu n'obéis pas à ta maman, elle te châtiera ;*
Eka notinsinok, ninga pos, *s'il ne vente pas, je m'embarquerai ;*
Eka sakihisiwan, micic windamawicin, *si tu ne m'aimes pas, dis-le moi clairement ;*
Eka sakihisinowanban, ket na ki ta pi acamin, *si je ne t'aimais pas, crois-tu que je viendrais te donner à manger ?*
Eka papamitawasiweg Kije Manito, ki ga nickiiawa, *si vous n'obéissez pas à Dieu, vous le fâcherez ;*
Eka ponitosiweg patatowin, patatowining ki ga tapinem, *si vous ne cessez pas le péché, vous mourrez dans le péché.*

306. La négation *eka* n'est pas d'obligation rigoureuse, et on peut la supprimer si l'on veut dans les exemples qui précèdent.

On peut aussi, du moment que l'on fait usage de cette négation, ne pas mettre le verbe au négatif, et dire simplement :

Eka pizindaman, *si tu n'écoutes pas ;* **eka sakihian,** *si tu ne m'aimes pas ;*
Eka noting, *s'il ne vente pas ;* **eka sakihinanban,** *si je ne t'aimais pas ;*
Eka papamitawate ki djodjo, *si tu n'obéis pas à ta maman ;*
Eka papamitaweg Kije Manito, *si vous n'obéissez pas à Dieu ;*
Eka ponitoieg patatowin, *si vous ne cessez le péché.*

Mais il est plus élégant d'employer à la fois et la négation et la forme du négatif.

307. Aux participes on doit omettre la négation toutes les fois qu'on a pu leur donner la forme négative, ainsi on dira sans employer la négation :

Eiamiasigok, *les non-priants,* les Infidèles ;
Teapaiatikonamatizosigok, *les non-catholiques,* les protestants ;

Tels sont les participes négatifs de :

Eiamiadjik, *les priants,* les Fidèles ;
Teapaiatikonamatizodjik, *les catholiques,* littéralement : *ceux qui font sur eux le signe de la croix.*

308. Quand le participe ne peut pas revêtir la forme négative, il faut qu'il soit précédé de la négation :

Tabickote gaganotamawatak sakihinangok gaie eka sakihinangok, *prions également pour ceux qui nous aiment et pour ceux qui ne nous aiment pas.*

Dans ce cas, il est plus élégant d'employer un verbe à signification contraire :

Saiakihinangok gaie cangenimindangok, *ceux qui nous aiment et ceux qui nous haïssent*, nos amis et nos ennemis;
Pezindawidjik gaie aianwetawidjik, ceux qui m'exaucent (m'exancent) *et ceux qui me refusent.*

309. Le signe du négatif occasionne quelquefois un changement de prononciation et même parfois un changement de lettres :

Ni minwenimdam, *je suis content ;*	ka ni minwenimdansi, *je ne suis pas content ;*
Ni wabandan keko, *je vois quelque chose ;*	ka keko ni wabandansin, *je ne vois rien ;*
Tagocin, *il arrive ;*	ka tagocinsi, *il n'arrive pas.*

Dans ces deux derniers exemples, le son de l'*n* qui termine *tagocin* et *wabandan*, est devenu nasal en présence de *si* et de *sin*.

Dans le premier, *m* est changé en *n* à son nasal.

310. Les verbes impersonnels terminés par *t*, perdent cette finale au négatif :

Mino kijigat, *il fait beau ;*	matci tibikat, *la nuit est mauvaise ;*
Ka mino kijikasinon, *il ne fait pas beau ;*	ka matci tibikasinon, *la nuit n'est pas mauvaise ;*

Animat, animatoban, *c'est difficile, c'était difficile ;*
Ka animasinon, ka animasinoban, *ce n'est pas, ce n'était pas difficile.*

311. On trouvera *in extenso* dans les tableaux synoptiques des conjugaisons, les diverses formes du négatif. Dans ce chapitre, nous n'avons pu présenter qu'un simple préambule, mais préambule nécessaire pour faciliter l'intelligence d'une matière qui est assez compliquée.

CHAPITRE XIV. SUPPLÉMENT A DIVERSES PARTIES DU DISCOURS.

312. Les noms de nombre cardinaux ainsi que les adverbes et les verbes qui en dérivent, sont également susceptibles de recevoir une certaine modification à laquelle nous donnerons le nom de distributif.

Le distributif consiste dans le redoublement de la consonne initiale que l'on fait suivre de la voyelle *e* :

Pejik,	*un ;*	pepejik,	*quelques-uns ; un à un ; un à chacun ;*
Mitaswi,	*dix ;*	memitaswi,	*dix par dix ;*
Ningotin,	*une fois ;*	neningotin,	*une fois chacun ;*
Mitasin,	*dix fois ;*	memitasin,	*dix fois chacun ;*
Mitatciwak,	*ils sont dix ;*	memitatciwak,	*ils sont par bandes de dix.*

313. Le distributif n'affecte pas seulement les noms, verbes et adverbes de nombre, il peut affecter encore d'autres sortes de mots, ainsi se forme le mot "pepejikokackwe," *cheval ;* ce nom lui vient de ce que le sabot du cheval est formé d'une seule pièce, c'est l'animal *solipède*, qui a une corne à chaque pied.

Pangi,	*peu ;*	pepangi,	*peu à la fois, peu à chacun ;*
Nibina,	*beaucoup ;*	nenibina,	*beaucoup à diverses reprises, beaucoup à chacun,*

Pepangi ki gat wamia, *tu lui donneras à manger peu à la fois ;*
Nenibina ki ijiwak, *ils y sont allés en plusieurs bandes ;*
Nenibina mawandjihitibanek, *ils formaient plusieurs comités ;*
Nenibina nisin ningi wisin tcinago, *j'ai fait hier trois bons repas* littéralement : *trois fois j'ai mangé hier beaucoup à chaque fois.*

314. Il ne faut pas confondre le distributif avec le fréquentatif :

NENINGOTIN est le distributif de NINGOTIN, et *naningotinon* en est le fréquentatif :

Ki minikwek ningotin, *ils ont bu une fois* ; neningotin ki minikwek, *ils ont bu chacun une fois* ;
Naningotinon minikwek, *ils boivent quelquefois.*

315. Le fréquentatif du pronom NANINT est *nananint* :

Nanint, *quelques-uns* ; nananint, *plusieurs.*

Kotaking est le locatif de KOTAK :

Kotak, *un autre, l'autre* ; kotaking, *chez un autre, ailleurs*

Keka a un diminutif à forme détériorative :

Keko, *quelque chose* ; kekowie, *quelque petite chose*

316. Ainsi que le pronom *keko*, les adverbes *pangi*, *wenibik*, sont susceptibles de la forme diminutive :

Pangi, *peu* ; pangiÏsie, *très-peu, tant soit peu* ; wenibik, *un instant* ; wenibikodjie, *un petit instant.*

Les prépositions ANAM, AGWATC deviennent adverbes en prenant la marque du locatif :

Anam wisiniwagan, *sous la table* ; anaming, *dessous, en dessous* ;
Agwatc aiamie mikiwam, *hors de l'Église* ; agwatcing, *dehors, en dehors.*

Les adverbes de lieu ANDI, ONDI, INDI ont une forme particulière de locatif, et qui ne s'applique qu'au corps :

Andinong ij akosin ? *où as-tu mal ?* andinong ina ? *est-ce ici, dans cet endroit de ton corps ?*
Kah ; indinong sa ni wisakenindam, *non ; c'est là que je souffre.*

417. On vient de voir[1] en quoi diffèrent le fréquentatif et le distributif ; il faut bien distinguer l'un et l'autre du *duplicatif* qui concerne uniquement celles des parties du corps que le Créateur a fait doubles. Quelques exemples suffiront pour faire connaître l'emploi et la forme du duplicatif :

Kiekisite, *il a un pied coupé* ; kiekiekisite, *il a les pieds coupés* ;
Kiekinike, *il a un bras coupé* ; kiekiekinike, *il a les bras coupés* ;
Pokonike, *il a un bras cassé* ; popokonike, *il a les bras cassés* ;
Pokokate, *il a une jambe cassée* ; popokokate, *il a les jambes cassées.*

CHAPITRE XV. — DEGRÉS DE COMPARAISON.

318. C'est au moyen d'adverbes qu'on exprime en algonquin les divers rapports d'égalité, de supériorité et d'infériorité :

Awenen i nijiwat awacamenj kekenindang masinaigan ? *Lequel des deux est le plus savant ?* littéralement.... connaît davantage le livre ?

Pien awacamenj o kikenindan, *Pierre le connaît davantage, c'est-à-dire, est plus savant* ;

Pien awacamenj o kikenindan masinaigan, nond ni iji kikenindan Pon, Pierre connaît mieux le livre, Paul le connaît moins, c'est-à-dire, *Pierre est plus savant que Paul* ;

Ka nind iji kikenindazon masinaigan eji kikenindang ni tawis, *je ne suis pas aussi savant que mon cousin* ;

---

[1] Voy. No. 314.

Ka ni kikenimasiwa awiia awacamenj nebwakate eji nibwakanite Pouan, *je ne connais personne qui soit plus sage que Paul;*

Kinawe nibwaka enenimeg, *il est plus sage que vous ne pensez;*

Endateiwate nekamodjik win Wabanibic kinawe minotagosi, *de tous les chantres, c'est Wabanibiche qui a la plus belle voix;*

Endateiwate ikwewak kin awacamenj ki kiteitwawinigo, *benedicta tu in mulieribus;*

Mi waam maiamawi mackawisite, *voici celui qui est le plus fort.*

319. Quelques Algonquins ayant vécu parmi les Sauteux, ont pris d'eux une certaine manière d'exprimer le comparatif; mais il ne faut pas les imiter, ils diront par exemple :

Awacameni waseiasike kijik kizis, tibik kizis dac, *le soleil est plus brillant que la lune.*

Il est dans le génie de la langue algonquine de tourner ainsi :

A la vérité la lune est brillante, mais bien plus brillant est le soleil, anawi waseiasike tibik kizis, kinawe dac waseiasiko kijik kizis;

Ou bien on dira sans tourner, mais en répétant le verbe adjectif que l'on met à l'obviatif ainsi que son sujet.

Kinawe waseiasike kijik kizis eji waseiasikenite tibik kizisawan, *plus brillant est l'astre du jour qu'est brillant l'astre de la nuit.*

Une troisième manière fréquemment employée est celle-ci :

Kitci waseiasiko kijik kizis, nond iji waseiasike tibik kizis, *le soleil est très brillant, moins brillante est la lune.*

Enfin on peut dire encore et plus brièvement :

Keget waseiasike kijik kizis, kwatisite tibik kizis, *vraiment le soleil est brillant, peut-elle la lune (lui être comparée)?*

Chapitre XVI. Récapitulation des conjugaisons.

320. Nous allons récapituler dans ce chapitre tout ce qui a été dit précédemment au sujet du verbe.

Les préfixes personnels sont *ni, ki, o* devant une consonne, *nind, kit, ot* devant une voyelle; ils ne sont employés qu'aux temps de l'indicatif.

Ni *(nind)* représente uniquement la 1ère personne, excluant toujours la 2ème :

Ni nikam,	*je chante;*	ni nikamomin,	*nous chantons* (nous exclusif);
Nind aiamia,	*je prie;*	nind aiamiamin,	*nous prions,* (nous exclusif).

Ki *(kit)* représente la 2ème personne, et aussi la 1ère, quand les deux se trouvent ensemble soit dans le sujet du verbe, soit seulement dans la phrase, l'une étant le sujet et l'autre le régime :

Ki nikam,	*tu chantes;*	ki nikamomin,	*nous chantons,* (nous inclusif);
Kit aiamia,	*tu pries;*	kit aiamiamin,	*nous prions,* (nous inclusif);
Ki wabamin,	*je te vois;*	ki wabaminim,	*je vous vois;*
Kit inin,	*je te dis;*	kit ininim,	*je vous dis;*
Ki wabam,	*tu me vois;*	ki wabamim,	*vous me voyez;*
Kit ij,	*tu me dis;*	kit ijim,	*vous me dites.*

O *(ot)* représente la 3ème personne, mais seulement quand elle est en rapport avec une autre 3ème personne, ce qui n'a jamais lieu dans les verbes absolus :

Nikamo, *il chante;* nikamowak, *ils chantent;* aiamia, *il prie;* aiamiak, *ils prient.*

Ici pas de concours de troisième personnes, conséquemment point de préfixe devant le verbe ; mais le concours des troisièmes personnes amènera toujours le préfixe :

O sakihan,	*il l'aime ;*	o sakihâ,	*il les aime ;*
O sakihawan,	*ils l'aiment ;*	o sakihawâ,	*ils les aiment ;*
Ot inan,	*il lui dit ;*	ot inâ,	*il leur dit ;*
Ot inawan,	*ils lui disent ;*	ot inawâ,	*ils leur disent.*

321. Dans tous les verbes soit absolus soit relatifs, les deux premières personnes du singulier des temps de l'indicatif sont semblables et ne se distinguent l'une de l'autre que par leur préfixe :

Ni nikam, ki nikam, *je chante, tu chantes ;*	ni nikamonaban, ki nikamonaban, *je chantais, tu chantais ;*
Nind aiamia, kit aiamia, *je prie, tu pries ;*	nind aiamianaban, kit aiamianaban, *je priais, tu priais.*

Il n'y a d'exceptés que les verbes dialogués dans lesquels les deux premières personnes n'ayant qu'un seul et même préfixe, ne pourraient être distinguées l'une de l'autre, si elles avaient des terminaisons semblables :

Ki sakih, *tu m'aimes ;* ki sakihin, *je t'aime ;* ki sakihim, *vous m'aimez ;* ki sakihinim, *je vous aime.*

322. Dans les verbes absolus, les terminaisons des personnes plurielles de l'indicatif sont ..min, ..m, ..k, précédées de la voyelle *o*, si le verbe se termine par *n* ; s'il est terminé par *m*, cette lettre disparait devant les terminaisons ..min, ..m, et l'*a* qui précède devient long de bref qu'il était auparavant. La lettre *m* du verbe reparait à la troisième personne du pluriel, accompagnée d'un *o* :

Pimose, *il marche ;*	Tagoshin, *il arrive ;*	Pizindam, *il écoute ;*
ni pimosemin, *nous marchons ;*	ni tagoshinomin, *nous arrivons ;*	ni pizindâmin, *nous écoutons ;*
ki pimosem, *vous marchez ;*	ki tagoshinom, *vous arrivez ;*	ki pizindâm, *vous écoutez ;*
pimosek, *ils marchent ;*	tagoshinok, *ils arrivent ;*	pizindamok, *ils écoutent.*

323. Les désinences de l'imparfait sont "..naban, ..ban, ..nanaban, ..nawaban, ..banek," pour *pimose* : "..inaban, ..oban, ..inanaban, ..inawaban, ..obanek" pour *tagoshin*. Pour *pizindam*, la lettre *m* se retranche aux deux premières personnes, et elle est suivie d'un *o* à la troisième : "..naban, ..oban, ..nanaban, ..nawaban, ..obanek.

324. C'est au moyen de certaines particules que se forment les temps composés. La particule du passé est *ki* pour l'indicatif. On intercale cette particule entre le préfixe et le verbe. Elle s'unit au préfixe de la première personne au moyen d'un n nasal et en s'y unissant elle s'adoucit en *gi* :

Ningi nikam, *j'ai chanté ;*	Ningi nikamonaban, *j'avais chanté ;*
ki ki nikam, *tu as chanté ;*	ki ki nikamonaban, *tu avais chanté ;*
ki nikamo, *il a chanté ;*	ki nikamoban, *il avait chanté ;*
ningi nikamomin, *nous avons chanté ;*	ningi nikamonanaban, *nous avions chanté.*

325. On voit par les exemples ci-dessus comment se forment le parfait et le plus-que-parfait de l'indicatif à l'aide de la particule auxiliaire placée devant le présent et devant l'imparfait.

On va voir dans un tableau synoptique les diverses terminaisons des verbes relatifs et des verbes dialogués, au présent et à l'imparfait de l'indicatif d'abord, puis au présent et à l'imparfait du subjonctif. Il est presque inutile de dire pourquoi certaines cases sont vides, pourquoi d'autres sont marquées de R, d'autres de RR, et qu'il y en a une où la place du radical est marquée d'un double tiret, et n'est suivie d'aucune terminaison.

La vide s'explique aisément par l'impossibilité d'association entre certaines personnes, telles que *je vous, tu vous, vous te*, &c.

Les cases marquées de R sont celles où le verbe doit se mettre au réfléchi, telles sont les cases *je me, tu te*, &c.

Le signe RR désigne celles qui demandent soit le réfléchi, soit le réciproque, telles sont les cases *nous nous, vous vous*.

Le simple tiret tient la place de la racine des verbes relatifs qui est toujours la deuxième personne du singulier du présent de l'impératif actif, et le tiret a été doublé dans un seul cas, (celui de la relation *tu me* au présent de l'indicatif) parce que c'est la seule relation qui n'a pas de terminaison.

A la place du tiret soit simple soit double que l'on mette la deuxième personne du singulier du présent de l'impératif d'un verbe actif de la première conjugaison, et l'on aura la conjugaison entière de ce verbe à l'indicatif et au subjonctif pour l'actif, le passif et le dialogué.

A la première conjugaison appartiennent tous les verbes qui se conjuguent sur SAKIH, *aime-le*, savoir :

1o. Les verbes en *ih*, comme :

Pih, *attends-le* ; pâpih, *fais-lui bonne mine*.

2o. Les verbes en *oh*, comme :

Mioh, *fais-le pleurer* ; nödjimoh, *sauve-lui la vie*.

3o. Les verbes en *eh*, comme :

Kikeh, *guéris-le* ; nipoh, *enterre-le*.

4o. Les verbes en *ah*, comme :

Minah, *donne-lui à boire* ; wâbandah, *montre-le lui*.

5o. Les verbes en *am*, comme :

Asam, *donne-lui à manger* ; witopam, *mange avec lui*.

6o. Les verbes en *em*, comme :

Nandwewem, *appelle-le* ; nisjitewem, *réplique-lui*.

7o. Les verbes en *im*, comme :

Mâwim, *pleure-le* ; kâkwedjim, *interroge-le*.

8o. Les verbes en *om*, comme :

Kikinom, *adime-le* ; kakanzom, *exhorte-le*.

9o. Les verbes en *in*, comme :

Webin, *rejette-le* ; kandin, *prends-le*.

10o. Les verbes en *on*, comme :

Takon, *saisis-le* ; ainskon, *détache-le*.

11o. Les verbes en *enim*, comme :

Pâgosenim, *prie-le* ; onsawenim, *souviens-toi de lui*.

TABLEAU des formes active, passive et dialoguée du verbe SAKIH au prés. nt et à l'imparfait de l'indicatif et du subjonctif :

	Me	te	le	nous *excl.*	nous *incl.*	vous	les
Je	R	ki — in ki — inabau — inan — inanban	ni — a ni — aban — ak — akiban			ki — inim ki — ininawaban — inagok — inagogoban	ni — ak ni — abanek — agwa — agwaban
tu	ki — ki — inaban — iiān — iiānban	R	ki — a ki — aban — âic — atiban	ki — imin ki — inanaban — iiang — iiangiban			ki — ak ki — abanek — atwa — atwaban
il	ni — ik ni — igoban — itc — ìpan	ki — ik ki — igoban — ik — ikiban	o — an o — abanen — âtc — apan	ni — igonan ni — igonaban — iiamintc — iiamindiban	ki — igonan ki — igonaban — inang — inangoban	ki — igowa ki — igowaban — inag — inagoban	o — à o — abanè — âtc — awapan
nous *excl.*		ki — inimin ki — ininanaban — inang — inangiban	ni — anan ni — anaban — angitc — angiban	RR		ki — inimin ki — ininanaban — inang — inangiban	ni — ananik ni — anabanek — angitwa — angitwaban
nous *incl.*			ki — annan ki — anaban — ang — angoban		RR		ki — ananik ki — anabanek — angwa — angwaban
vous	ki — im ki — inawaban — iieg — iiegoban		ki — awa ki — awaban — eg — egoban	ki — imin ki — inanaban — iiang — iiangiban		RR	ki — awak ki — awabanek — egwa — egwaban
ils	ni — igok ni — igobanek — iwatc — iwapan	ki — igok ki — igobanek — inag — inagoban	o — awan o — awabanen — awatc — awapan	ni — igonanik ki — igonabanek — iiamindwa — iiamindwaban	ki — igonanik ki — igonabanek — inangwa — inangwaban	ki — igowak ki — igowabanek — inagwa — inagwaban	o — awà o — awabanè — awatc — awapan

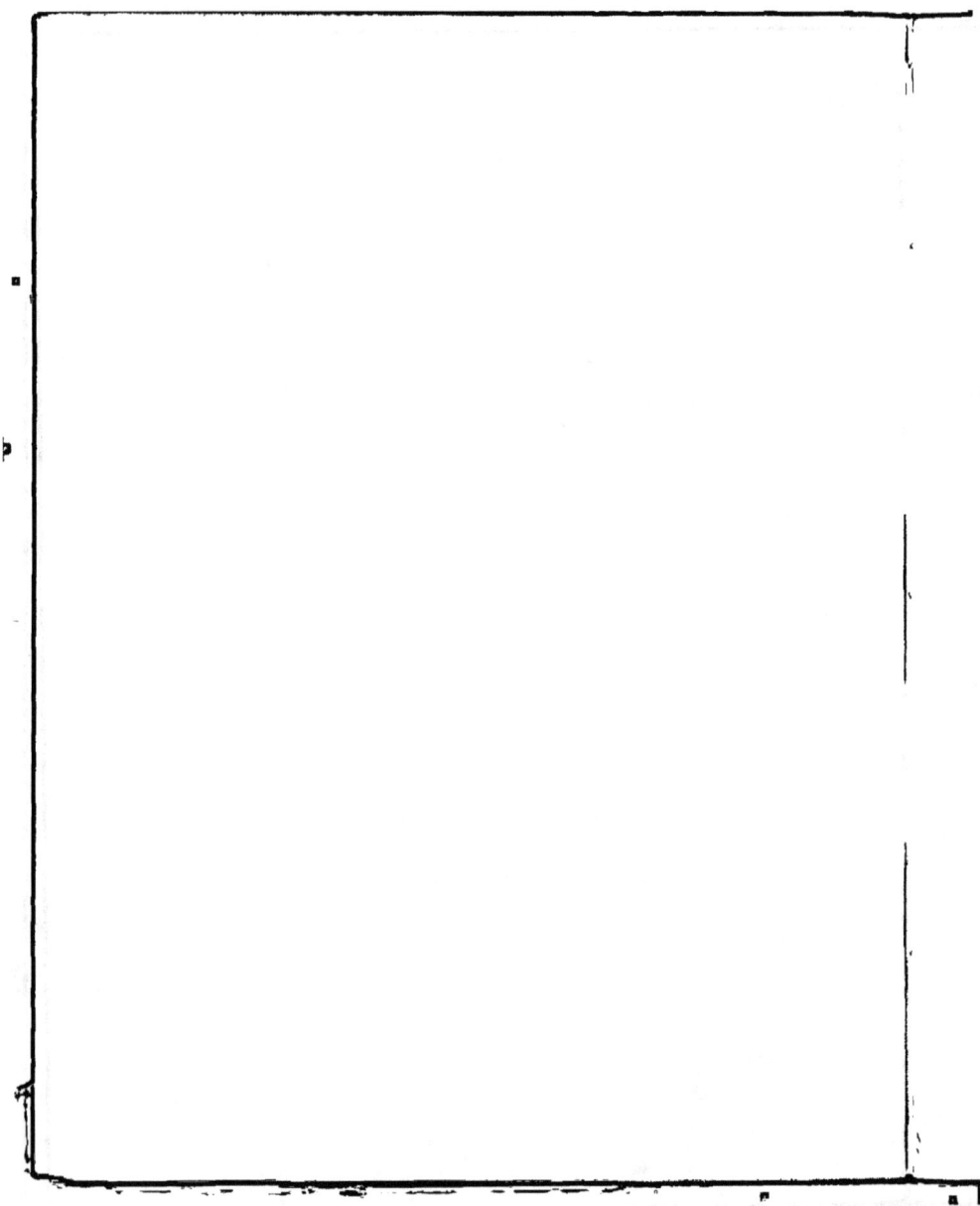

CHAPITRE XVII. EMPLOI DES MODES ET DES TEMPS.

326. Ainsi qu'il a été dit, les modes et les temps des verbes algonquins ne concordent pas toujours avec les modes et les temps des verbes français. Afin de ne pas se tromper dans l'emploi des modes, il est nécessaire avant tout de distinguer les phrases principales et les phrases incidentes.

En algonquin, on appelle phrase principale celle dont le verbe est à l'indicatif ou à l'impératif:

Madjan, *pars;*	ni madja, *je pars;*	ki madjana? *pars-tu?*
Ka ni madjasi, *je ne pars pas;*	ninda madjamin, *nous partirons;*	madjakeg onagosik, *partez ce soir.*

La phrase incidente est celle dont le verbe se met au subjonctif, au participe ou à l'éventuel:

Kispin madjan, *si tu pars;*	ape madjawate, *qu'ils partent, puissent-ils partir;*
Mi wak ekoan ke madjadjik, *voici ceux qui partent;*	tasin madjaiangen, *toutes les fois que nous partons.*

327. Les phrases interrogatives se construisent tantôt avec l'indicatif tantôt avec le subjonctif, selon les particules qui accompagnent le verbe:

Ainsi on mettra à l'indicatif le verbe suivi de *na*, ou précédé de *ka na:*

Ki ki wabama-na Okima? *Vidisti ne Regem?* As-tu vu le Roi?
Ka-na ki ga cawenimisi? *nonne miserberis mei?* n'auras-tu pas pitié de moi?

De même encore, comme en latin et en français, on mettra à l'indicatif le verbe précédé de KETNA, KETNANGE:

Ketna ningi wabama? *numquid illum vidi?* Est-ce que je l'ai vu?
Ketnange ki ta gackitom? *numquidnam possetis?* Est-ce que vous pourriez?

328. Toute autre phrase interrogative veut son verbe au subjonctif, ce qui arrive toutes les fois que le verbe est précédé soit des pronoms *awenen, wekonen*, soit des adverbes *anin, andi, andapite*. Pour bien comprendre ce qu'offre ici de particulier la langue algonquine, il est important de distinguer deux sortes d'interrogations, l'interrogation directe et l'interrogation indirecte.

L'interrogation indirecte est toujours exprimée par une proposition subordonnée. Dans ces phrases: " Dis-moi quelle heure il est; tu sais quel âge il a; je voudrais savoir où il est allé; " *quelle heure il est, quel âge il a, où il est allé*, sont des interrogations indirectes. L'interrogation directe se construit ainsi: " Quelle heure est-il? quel âge a-t-il? où est-il allé? "

Comme on le voit, le verbe qui suit le terme interrogatif se met toujours à l'indicatif dans l'interrogation indirecte aussi bien que dans l'interrogation directe.

En latin le verbe se mettra à l'indicatif dans l'interrogation directe et au subjonctif dans l'interrogation indirecte, ainsi on dira:

"Quota hora est? Dic mihi quota hora sit."
"Quot annos natus est? Scis quot annos natus sit."
"Quo ivit? Scire vellem quonam iverit."

En algonquin, le verbe se mettra invariablement au subjonctif:

"Anin endaso tipaiganek? Windamawicin anin endaso tipaiganek."
"Anin endaso piponesite? Ki kikenima anin endaso piponesite."
"Andi ka ijate? Ninda wi kikenima andi ka ijate."

329. Citons encore quelques exemples où l'on verra de même l'indicatif en français, le subjonctif en algonquin, et, selon que l'interrogation est directe ou indirecte, l'indicatif ou le subjonctif en latin :

"Quem quæritis? Dicite mihi quem quæratis."
"*Qui cherchez-vous? Dites-moi qui vous cherchez.*"
"Awenen netelawabameg? Windamawicik awenen nendawabameg."

"Quis loquitur? Nescio quis loquatur."
"*Qui parle? Je ne sais pas qui parle.*"
"Awenen aiaminitagosite? Ka ni kikenimasi awenen aiaminitagosite."

"Quandonam profecturus est? Dicet tibi quandonam profecturus sit."
"*Quand partira-t-il? Il te dira quand il partira,* (quand il doit partir)."
"Andapite ke madjaie? Ki ga windamag andapite ke madjate."

Le subjonctif et le participe ont entr'eux tant de ressemblance qu'on serait exposé quelquefois à les confondre :

Dans les verbes absolus leur forme est partout la même sauf à la troisième personne du pluriel :

Anin ejinikazowate, *comment s'appellent-ils?* winawa Piien ejinikazodjik, *ceux qui s'appellent Pierre ;*
Anin ejinikazowapan, *comment s'appelaient-ils?* winawa Mani ejinikazopanek, *celles qui s'appelaient Marie.*

331. Dans les verbes relatifs, il faut distinguer les participes-sujets et les participes-régimes.

Les participes-sujets sont ceux par lesquels on traduit le pronom relatif *qui ;* le pronom relatif *que* se traduit en algonquin par les participes-régimes. Ainsi les participes algonquins : "nin saiakihagwa," *moi qui les aime ;* nin saiakihagwaban, *moi qui les aimais,* sont appelés participes-sujets, tandis que nous donnerons le nom de participes-régimes aux participes suivants :

Saiakihagik, *ceux que j'aime ;* saiakihagibanek, *ceux que j'aimais ;*
Saiakihadjik, *ceux que tu aimes ;* saiakihatibanek, *ceux que tu aimais.*

Les participes-sujets ne diffèrent du subjonctif qu'à la troisième personne du pluriel, de même que dans les verbes absolus :

Megwate pekitewawate, *pendant qu'ils le frappent ;* pekitewadjik, *ceux qui le frappent.*

332. Les caractéristiques temporaires sont les mêmes pour le subjonctif et pour le participe, c'est *ka* pour le passé, *ke* pour le futur. Ke prend un *t* euphonique en présence d'une voyelle :

Mi ka ikitote, *c'est ce qu'il a dit ;* mi ka ikitopan, *c'est ce qu'il avait dit ;* mi ket ikitote, *c'est ce qu'il dira ;*
Mi ket ikitowate, *c'est ce qu'ils diront ;* aiaaniie ket ikitodjik, *ceux qui diront toutes sortes de choses.*

333. A l'indicatif le signe du futur varie selon les verbes. Aux deux premières personnes, c'est *ga ;* à la troisième, c'est *ka* dans les verbes relatifs, *kata* dans les verbes absolus. Ga et ka prennent un *t* euphonique en présence d'une voyelle :

Ningat ina, *je lui dirai ;* ningat inanan, *nous lui dirons ;*
ki gat ina, *tu lui diras ;* ki gat inawa, *vous lui direz ;*
o kat inan, *il lui dira ;* o kat inawan, *ils lui diront ;*
kata ijii, *il ira ;* kata ijiwak, *ils iront.*

334. Le conditionnel a pour signe la particule *ta* qui s'adoucit en *da* à la première personne :

Ninda ija, *j'irais* ; ninda ijamin, *nous irions* ; Ninda ina, *je lui dirais* ; ninda inanan, *nous lui dirions* ;
ki ta ija, *tu irais* ; ki ta ijam, *vous iriez* ; ta iji, *il irait* ; o ta inan, *il lui dirait*.

335. Le futur passé et le conditionnel passé se forment au moyen de la particule *ki* qui vient se mettre à la suite des signes ordinaires du futur et du conditionnel :

Ninga ki ina, *je lui aurai dit* ; ninda ki ina, *je lui aurais dit*.

Ce *ki* s'emploie aussi pour les temps passés du subjonctif et du participe :

Mi ko ki ikitote, *c'est ce qu'il aura dit* ; ka ki ikitodjik, *ceux qui auront dit*.

336. Le conditionnel algonquin n'a pas toujours la signification du conditionnel français ; surtout à la deuxième et à la troisième personne, il a assez souvent un sens un peu différent, ainsi on dira :

Ki ta kopesowin teibwa maci posiye, *vous devriez vous confesser avant de vous embarquer* ;
Ta ki kopesowiban Aleksandiban ibwa maci madjapan, *feu Alexandre aurait bien fait de se confesser avant de partir*.

337. L'impératif n'ayant pas de temps composés, n'a nul besoin de particules ; le futur de ce mode est un temps simple aussi bien que le présent. Il n'a pas de troisième personne, si ce n'est au négatif de quelques verbes absolus, et seulement au singulier :

Ka manatwesiwite awiia, *que personne ne dise de mauvaises paroles* ;
Ka kitimisiwite ki kwisis, *que ton fils ne soit pas paresseux* ;
Ka widjiwesiwite kit anis i nimihitinaniwang, *que ta fille n'assiste pas aux danses*.

338. On supplée d'ordinaire à la troisième personne de l'impératif par celle du conditionnel :

Qu'il entre, *ta pindike* ; qu'il sorte, *ta sakaham* ; qu'ils aillent à l'école, *ta ani kikinoamawak* ;
Qu'il empêche son fils de boire, *o ta ondjitan o kwisisan kitci minikwesite* ;
Qu'ils défendent à leurs enfants de rôder la nuit, *o ta kinahamawawa o nidjanisiwa kitci nipaskawite* ;
Que jamais personne ne fréquente les ivrognes, *kawikat awiia o ta widjiwesiwa awan minikwendjin*.

339. Comme il a été dit, les Algonquins n'ont pas le mode infinitif ; ils y suppléent de différentes manières :

1o. Par les particules verbales WI, PI, AWI, GWINAWI, NONDA, &c. :

Tu veux danser, *ki wi nimi* ; il veut chanter, *wi nikamo* ;
Je viens manger, *ni pi wisin* ; il vient boire, *pi minikwe* ;
Allons travailler, *awi anokita* ; allez vous promener, *awi papamosek* ;
Il ne sait que dire, *gwinawi ikito* ; ils ne savent que faire, *gwinawi totamok* ;
Cherchez à connaître la religion, *nonda kikendamok aiamiewin* ;
Nous cherchons à nous amuser, *ni nonda ojanimomin*.

2o. Par les noms verbaux en WIN :

Il est honteux de mentir, *agatcinakwat kiniwiekiwin* ;
C'est un péché de dérober, *patatowinan kimotiwin* ;
Ce n'est pas bien de se quereller, *ka wiantesinon kikandiwin* ;
C'est mal de médire les uns des autres, *manadat pikwanendiwin* ;
C'est une excellente chose de s'entr'aimer, de s'entr'aider, *apitci onicicin sakihitiwin, wawindjiitiwin*.

3o. Par le subjonctif :

Je désire aller au Ciel, [illegible] ;
Je serais heureux de recevoir sa visite, [illegible] ;
J'aime à visiter les malades, à secourir les pauvres, [illegible] ;
Je serais bien affligé d'apprendre qu'ils ont été tués, [illegible].

4o. Par divers tours de phrases

Dieu nous a créés pour le connaître, l'aimer et lui obéir, [illegible] ;
C'est pour nous sauver de l'enfer et nous faire entrer au Ciel que Jésus est mort sur une croix, [illegible] ;
Je pense aller demain à Montréal, [illegible] ;
Ils me disent de ne pas y aller, [illegible] ;
Dis-leur d'aller se confesser, [illegible] ;
Le maître d'école nous dit sans cesse d'être sages, de rester tranquilles, de nous taire, [illegible].
C'est lui qui m'a fait fâcher, [illegible] ;
C'est vous autres qui me faites rire, [illegible].

5o. Par les verbes causatifs et autres sortes de verbes :

Je le fais pleurer, [illegible] ;
Faites jeter vos enfants, [illegible] ;
Faisons sortir vite, [illegible] ;
Ce n'est pas à désirer, [illegible] ;
Ils m'ont fait monter au mât, [illegible].

Je lui fais voir, [illegible] ;
faisons les venir ici, [illegible] ;
cela est fort à craindre, [illegible] ;

340. On verra encore d'autres manières de suppléer à l'absence de l'infinitif, dans la troisième partie de cet ouvrage[1]. C'est là aussi surtout qu'on pourra voir les nuances de signification qui parfois se font remarquer dans les temps aussi bien que dans les modes des verbes algonquins.

CHAPITRE XVIII. ONOMATOPÉE ET LANGAGE ENFANTIN.

341. On pourra remarquer, en parcourant les pages du Lexique, un assez grand nombre de mots formés par onomatopée. Nous nous bornerons ici à citer quelques exemples de noms d'oiseaux tirés de leur cri :

ANIKANIWE, espèce de canard que les Américains nomment communément : [illegible], son nom algonquin signifie littéralement : il dit ank ' ank !
ATCHIKEKIWESS, c'est le nom de l'alouette, qu'on donne également à une sorte de bécassine ;
KAKABE, effraie, chouette des clochers ;
KAKAKI, corbeau ; KASKASHANDJISI, [illegible] ; KOKOKO, [illegible] ; KOKOKOO, [illegible] ;
OKANISI, petit oiseau gris du Canada dont le cri est [illegible] ' kan '
PASK, engoulevent, mangeur de maringouins ;
PIB, tout petit oiseau ainsi nommé de son cri pik ' pik ! [illegible].

On dit du loup qu'il hurle, [illegible] ; du chien qu'il aboie, [illegible], et qu'avant d'aboyer il gronde, [illegible].

Les Algonquins n'ont pas de termes particuliers pour exprimer les divers cris des animaux, à part du loup et du chien. Du chat qui miaule comme du coq qui chante, ils disent également : nondagosi, il se fait entendre.

[1] Voir note page 118.

On trouvera çà et là dans le Lexique des verbes qui paraissent avoir été formés par onomatopée, tel est certainement le verbe *[illegible]*, éternuer. A propos d'éternuement, *[illegible]*, il faut signaler ici un usage encore assez répandu parmi les tribus de langue algonquine :

Quand quelqu'un éternue, on lui dit : *Ki [illegible] Kije Manito*, Dieu parle de vous.

342. Les principaux mots du langage enfantin sont :

BA, terme dont se servent les jeunes enfants pour exprimer le désir de recevoir ou de donner un baiser ;

[illegible], bébé ; *[illegible]*, *[illegible]* ;

KAKA, ce mot a diverses acceptions et dénote dans le petit enfant un grand goût pour la chair des animaux ;

KAKA qui semblerait n'être qu'un diminutif de *kaka*, a un sens tout différent, et signifie en général, *ordure, malpropreté* ; il équivaut à nos mots enfantins *[illegible]* et *[illegible]* ;

KOKO, tout être terrible dont on fait peur aux enfants ;

LANSKA, tout individu de race blanche ;

Lolo, mot de l'enfant qui veut être remis dans son berceau, *cf.* en français : *dodo* ;

MAMA, pour se faire porter par sa mère ;

MAMAN, se dit aux petits enfants pour les endormir, c'est le *dodo* des nourrices à leurs nourrissons ;

NANA et NANAN, sucre, bonbon, dragée ;

OU, dit le petit enfant qui veut se lever, sortir du berceau ;

PAPA, tout ce qui se mange avec la cuiller ;

PIPI, terme dont se servent les enfants pour demander de l'eau ;

TCHAU, c'est le cri d'admiration des enfants.

Plusieurs adultes continuent jusqu'à l'âge de 20 ans et au-delà, à se servir des mots enfantins TATA et MAMA soit en s'adressant à leurs parents soit en parlant d'eux. Sortis de la première enfance, ceux des enfants algonquins qui vont aux écoles, laissent quelquefois leurs mots TATA et MAMA et les remplacent par leurs correspondants français PAPA et MAMAN, mais alors le plus souvent, ils les abrègent en disant simplement *pa, man*. C'est ainsi ce que font nos petits iroquois.

343. On a remarqué plus d'une fois dans le cours de cette grammaire, l'altération produite dans les mots français en passant dans la langue des Algonquins, par exemple, *Pon* au lieu de Paul, *Pinomen* au lieu de *Philomène*. Chose singulière ! les adultes prononcent aisément *l* dans les mots du langage enfantin *lolo*, *lolo*, et ils ne peuvent que très difficilement prononcer cette même lettre, quand elle se rencontre dans des mots français, ils la remplacent alors par *n*. Voyez Lexique de la langue iroquoise, page 191.

344. Au langage enfantin on peut joindre le langage diminutif, celui-ci ne consiste guère que dans un changement de prononciation. Il paraît certain que cette sorte de langage se trouve dans toutes les nations Américaines. Voyez Lexique de la langue iroquoise, page 192.

CHAPITRE XIX. SYNTAXE.

345. En exposant les *éléments* de la grammaire algonquine, nous en avons fait connaître aussi la *syntaxe*, et il ne nous reste que peu de chose à ajouter aux nombreux exemples de *syntaxe soit d'accord soit de régime* qu'on a vus dans les chapitres précédents.

346. Quand un verbe a pour sujet ou pour régime des noms de genre différent, il faut séparer ces noms et donner à chacun d'eux le verbe qui lui convient.

Ici sont plantés des arbres et des pierres, *[illegible]* ;

J'aime le pain et le sucre, *[illegible]* ;

Demain je mangerai du poisson et des patates, *[illegible]* ;

Mangeras-tu du lard et des pommes ? *ki ga [illegible] [illegible], ki gat [illegible] gaie [illegible]* ?

CPSIA information can be obtained
at www.ICGtesting.com
Printed in the USA
LVHW080457240819
628843LV00006B/150/P

9 780274 629343